最新法律文件解读丛书

民事法律文件解读

总第 178 辑(2019.10)

最新法律文件解读丛书编选组　编

人民法院出版社

图书在版编目(CIP)数据

民事法律文件解读．总第 178 辑/最新法律文件解读丛书编选组编．--北京:人民法院出版社,2019.11
(最新法律文件解读丛书)
ISBN 978-7-5109-2658-7

Ⅰ.①民… Ⅱ.①最… Ⅲ.①民法-法律解释-中国②民事诉讼法-法律解释-中国 Ⅳ.①D923.05②D925.105

中国版本图书馆 CIP 数据核字(2019)第 244961 号

民事法律文件解读·总第 178 辑
最新法律文件解读丛书编选组　编

责任编辑　丁丽娜
出版发行　人民法院出版社
地　　址　北京市东城区东交民巷 27 号　邮编　100745
电　　话　(010)67550608(责任编辑)　67550558(发行部查询)
65223677(读者服务部)
客服 QQ　2092078039
网　　址　http://www.courtbook.com.cn
E-mail　courtbook@sina.com
印　　刷　三河市国英印务有限公司
经　　销　新华书店
开　　本　787 毫米×1092 毫米　1/16
字　　数　140 千字
印　　张　8
版　　次　2019 年 11 月第 1 版　2019 年 11 月第 1 次印刷
书　　号　ISBN 978-7-5109-2658-7
定　　价　22.00 元

卷首语

2019 年 3 月 25 日，最高人民法院审判委员会第 1763 次全体会议讨论并通过了《关于内地与香港特别行政区法院就仲裁程序相互协助保全的安排》(以下简称《仲裁保全安排》)。2019 年 4 月 2 日，最高人民法院副院长杨万明和香港特区政府律政司司长郑若骅分别代表两地在香港签署《仲裁保全安排》。经双方协商，该安排拟于 2019 年 10 月 1 日在两地同时生效，且在内地将以司法解释的形式发布。这是自香港回归祖国以来，内地与香港商签的第七项司法协助安排，也是内地与其他法域签署的第一份有关仲裁保全协助的文件，标志着两地在“一国两制”方针下实现了更加紧密的司法协助。本辑收录了最高人民法院研究室法官撰写的解读文章，对《仲裁保全安排》的商签背景及主要内容予以解读，希冀对理解适用该司法解释有所助益。

为贯彻落实中央关于深化司法体制综合配套改革的战略部署，进一步全面落实司法责任制，2019 年 8 月 2 日，最高人民法院印发了《关于健全完善人民法院审判委员会工作机制的意见》(以下简称《意见》)。本辑收录了最高人民法院审管办有关负责人就《意见》答记者问文章，就《意见》的制定背景和起草思路，审判委员会的人员组成和会议形式，审判委员会职能的界定，审判委员会讨论案件的范围，监督管理如何强化，审判委员会的议事程序和议事规则等进行了权威解读。

《最新法律文件解读》丛书
编 辑 部

范春雪 （010）67550525

姜 峤 （010）67550573

丁丽娜 （010）67550608

张 奎 （010）67550673

路建华 （010）67550660

执行编辑 丁丽娜

邮 箱 dlnlaw@163.com

目 录

[司法解释、司法指导性文件与解读]

最高人民法院

关于内地与香港特别行政区法院就仲裁程序相互协助保全的安排

法释〔2019〕14号

（2019年3月25日最高人民法院审判委员会第1763次会议通过
2019年9月26日最高人民法院公布
自2019年10月1日起生效）

根据《中华人民共和国香港特别行政区基本法》第九十五条的规定，最高人民法院与香港特别行政区政府经协商，现就内地与香港特别行政区法院关于仲裁程序相互协助保全作出如下安排：

第一条 本安排所称“保全”，在内地包括财产保全、证据保全、行为保全；在香港特别行政区包括强制令以及其他临时措施，以在争议得以裁决之前维持现状或者恢复原状、采取行动防止目前或者即将对仲裁程序发生的危害或者损害，或者不采取可能造成这种危害或者损害的行动、保全资产或者保全对解决争议可能具有相关性和重要性的证据。

第二条 本安排所称“香港仲裁程序”，应当以香港特别行政区为仲裁地，并且由以下机构或者常设办事处管理：

（一）在香港特别行政区设立或者总部设于香港特别行政区，并以香港特别行政区为主要管理地的仲裁机构；

（二）中华人民共和国加入的政府间国际组织在香港特别行政区设立的争

议解决机构或者常设办事处；

（三）其他仲裁机构在香港特别行政区设立的争议解决机构或者常设办事处，且该争议解决机构或者常设办事处满足香港特别行政区政府订立的有关仲裁案件宗数以及标的金额等标准。

以上机构或者常设办事处的名单由香港特别行政区政府向最高人民法院提供，并经双方确认。

第三条 香港仲裁程序的当事人，在仲裁裁决作出前，可以参照《中华人民共和国民事诉讼法》《中华人民共和国仲裁法》以及相关司法解释的规定，向被申请人住所地、财产所在地或者证据所在地的内地中级人民法院申请保全。被申请人住所地、财产所在地或者证据所在地在不同人民法院辖区的，应当选择向其中一个人民法院提出申请，不得分别向两个或者两个以上人民法院提出申请。

当事人在有关机构或者常设办事处受理仲裁申请后提出保全申请的，应当由该机构或者常设办事处转递其申请。

在有关机构或者常设办事处受理仲裁申请前提出保全申请，内地人民法院采取保全措施后三十日内未收到有关机构或者常设办事处提交的已受理仲裁案件的证明函件的，内地人民法院应当解除保全。

第四条 向内地人民法院申请保全的，应当提交下列材料：

（一）保全申请书；

（二）仲裁协议；

（三）身份证明材料：申请人为自然人的，应当提交身份证件复印件；申请人为法人或者非法人组织的，应当提交注册登记证书的复印件以及法定代表人或者负责人的身份证件复印件；

（四）在有关机构或者常设办事处受理仲裁案件后申请保全的，应当提交包含主要仲裁请求和所根据的事实与理由的仲裁申请文件以及相关证据材料、该机构或者常设办事处出具的已受理有关仲裁案件的证明函件；

（五）内地人民法院要求的其他材料。

身份证明材料系在内地以外形成的，应当依据内地相关法律规定办理证明手续。

向内地人民法院提交的文件没有中文文本的，应当提交准确的中文译本。

第五条 保全申请书应当载明下列事项：

（一）当事人的基本情况：当事人为自然人的，包括姓名、住所、身份证件信息、通讯方式等；当事人为法人或者非法人组织的，包括法人或者非法人组织的名称、住所以及法定代表人或者主要负责人的姓名、职务、住所、身份证件信息、通讯方式等；

（二）请求事项，包括申请保全财产的数额、申请行为保全的内容和期限等；

（三）请求所依据的事实、理由和相关证据，包括关于情况紧急，如不立即保全将会使申请人合法权益受到难以弥补的损害或者将使仲裁裁决难以执行的说明等；

（四）申请保全的财产、证据的明确信息或者具体线索；

（五）用于提供担保的内地财产信息或者资信证明；

（六）是否已在其他法院、有关机构或者常设办事处提出本安排所规定的申请和申请情况；

（七）其他需要载明的事项。

第六条 内地仲裁机构管理的仲裁程序的当事人，在仲裁裁决作出前，可以依据香港特别行政区《仲裁条例》《高等法院条例》，向香港特别行政区高等法院申请保全。

第七条 向香港特别行政区法院申请保全的，应当依据香港特别行政区相关法律规定，提交申请、支持申请的誓章、附同的证物、论点纲要以及法庭命令的草拟本，并应当载明下列事项：

（一）当事人的基本情况：当事人为自然人的，包括姓名、地址；当事人为法人或者非法人组织的，包括法人或者非法人组织的名称、地址以及法定代表人或者主要负责人的姓名、职务、通讯方式等；

（二）申请的事项和理由；

（三）申请标的所在地以及情况；

（四）被申请人就申请作出或者可能作出的回应以及说法；

（五）可能会导致法庭不批准所寻求的保全，或者不在单方面申请的情况下批准该保全的事实；

（六）申请人向香港特别行政区法院作出的承诺；

（七）其他需要载明的事项。

第八条 被请求方法院应当尽快审查当事人的保全申请。内地人民法院可以要求申请人提供担保等，香港特别行政区法院可以要求申请人作出承诺、就费用提供保证等。

经审查，当事人的保全申请符合被请求方法律规定的，被请求方法院应当作出保全裁定或者命令等。

第九条　当事人对被请求方法院的裁定或者命令等不服的，按被请求方相关法律规定处理。

第十条　当事人申请保全的，应当依据被请求方有关诉讼收费的法律和规定交纳费用。

第十一条　本安排不减损内地和香港特别行政区的仲裁机构、仲裁庭、当事人依据对方法律享有的权利。

解读——

《最高人民法院关于内地与香港特别行政区法院就仲裁程序相互协助保全的安排》

姜启波　周加海　司艳丽　刘琨*

2019年3月25日，最高人民法院审判委员会第1763次全体会议讨论并通过了《关于内地与香港特别行政区法院就仲裁程序相互协助保全的安排》（以下简称《仲裁保全安排》）。2019年4月2日，最高人民法院副院长杨万明和香港特区政府律政司司长郑若骅分别代表两地在香港签署《仲裁保全安排》。经双方协商，该安排拟于2019年10月1日在两地同时生效，且在内地将以司法解释的形式发布。这是自香港回归祖国以来，内地与香港商签的第七项司法协助安排，也是内地与其他法域签署的第一份有关仲裁保全协助的文件，标志着两地在“一国两制”方针下实现了更加紧密的司法协助。

* 作者单位：最高人民法院研究室。

一、《仲裁保全安排》的商签背景

第一，“一国两制”方针和香港基本法为两地开展司法协助安排商签提供了基本依据。香港基本法第九十五条规定，香港特区可与全国其他地区的司法机关通过协商依法进行司法方面的联系和相互提供协助，这为最高人民法院与香港特区政府律政司商签有关司法协助安排提供了法律依据。香港回归以来，最高人民法院已与香港有关方面签署了六项民商事司法协助安排，涵盖相互委托送达司法文书、相互委托提取证据、相互执行仲裁裁决、相互认可和执行民商事案件判决等内容，基本实现了民商事司法协助安排的全面覆盖，为降低诉讼成本、减少当事人诉累、提高审判质效切实发挥了重要作用。《仲裁保全安排》系两地在民商事领域的第七项司法协助安排，也是在司法领域落实“一国两制”方针的重要举措。

第二，两地社会经济发展对仲裁程序相互协助保全提出了现实需求。当前，内地与港澳特区正携手推进粤港澳大湾区建设，粤港澳大湾区“一国两制三法域”的独特性决定了大湾区建设过程中互涉法律纠纷不可避免、区际法律冲突客观存在，区际司法协助亟需加强，包括加强仲裁裁决的相互认可和执行以及仲裁保全相互协助。签署于1999年的《关于内地与香港特别行政区相互执行仲裁裁决的安排》（以下简称《仲裁裁决执行安排》）解决了两地仲裁裁决相互认可和执行问题，且运行情况良好，为促进仲裁裁决异地流通、支持香港建设亚太区国际法律及争议解决服务中心发挥了重要作用，但其系针对两地终局性仲裁裁决相互执行的制度性安排，不包括仲裁过程中的保全协助。经研究认为，开展仲裁保全协助，有利于通过预防性救济措施的完善来保障终局性仲裁裁决的顺利执行，有利于更加充分地发挥仲裁在多元化纠纷解决机制中的重要作用，也有利于为香港建设亚太区国际法律及争议解决服务中心提供更大支持。

第三，“一国”原则和两地司法法律界的合作为两地实现更紧密协助创造了有利条件。根据香港特区《仲裁条例》《高等法院条例》，香港可以对包括内地在内的域外仲裁提供保全协助；而内地目前没有关于仲裁保全协助的相关法律规定。经研究，在不违反现有法律规定的前提下，为更大力度支持香港建设亚太区国际法律及争议解决服务中心，最高人民法院决定启动《仲裁保全安排》的磋商，在“一国”之内，向香港提供比其他国家和地区更加紧密的协助。

二、《仲裁保全安排》的主要内容

安排共十一条，对两地相互协助保全的途径、可申请保全的范围、申请保全的程序以及保全申请审查处理等问题作出了明确规定。

（一）关于保全的类型

保全为大陆法系概念，临时措施为英美法系概念，实质都是为保障终局性仲裁裁决执行、维护当事人合法权益的预防性救济措施。安排统一表述为“保全”，并在第一条中根据两地法律对可申请保全的类型分别作出了规定。

1. 关于可向内地人民法院申请的保全。《中华人民共和国仲裁法》规定了财产保全、证据保全，《中华人民共和国民事诉讼法》2012 年修订时纳入了行为保全。本安排旨在给予香港仲裁程序当事人与内地仲裁程序当事人相同权利，故将财产保全、证据保全、行为保全全部纳入。

2. 关于可向香港特区法院申请的保全。保全在香港称为“临时措施”，即由香港特区法院就在香港或者香港以外开展或者即将开展的仲裁程序作出临时措施，以便利仲裁程序进行、防止发生不可逆转的损害等。主要包括：要求当事人维持现状或恢复原状；采取行动防止目前或即将对仲裁程序发生的危害或损害，或不采取可能造成这种危害或损害的行动；提供保全资产；保全对解决争议具有相关性和重要性的证据；颁发强制令以禁制当事人移走或以其他方式处理资产、防止损坏或侵入行为；颁布命令指定财产接管人。例如，2017 年，在中国国际经济贸易仲裁委员会仲裁一起股权纠纷案件的过程中，当事人向香港特区法院申请委任临时接管人并颁布禁制令以禁止被申请人转让股权，香港特区法院作出 HCMP962/2017 号命令予以批准。

（二）关于“香港仲裁程序”的界定

第二条第一款对安排所称的“香港仲裁程序”作出界定，即必须同时符合两个条件。

1. 仲裁地在香港。此系确定“香港仲裁程序”的首要条件，也是香港特区采纳的确认仲裁程序籍属的标准，也是《仲裁裁决执行安排》确认的标准。仲裁地在香港包括两种类型：一是当事人在仲裁条款中约定地点为香港；二是当事人没有约定时，仲裁庭根据其仲裁规则或者一定标准确定仲裁地为香港并记载于仲裁裁决中。

2. 仲裁程序由有关机构或者常设办事处管理。安排第二条第一款以列举方式对有关机构或者常设办事处的条件作出规定，具体名单由香港特区政府确定并经最高人民法院确认。主要考虑是：相对于仲裁裁决执行方面的协助，仲裁保全协助属于中间措施的协助，为防止申请人滥用，给被申请人带来损失，宜持更加审慎的态度。按照第二条第二款规定，香港特区政府律政司经过发布标准、接受申请并审查后，确定了符合本款规定的有关仲裁机构或者常设办事处名单，并已由最高人民法院和香港特区政府律政司共同确认。目前包括香港国际仲裁中心、中国国际经济贸易仲裁委员会香港仲裁中心、国际商会国际仲裁院亚洲事务办公室、香港海事仲裁协会、华南（香港）国际仲裁院、一邦国际网上仲调中心。

此外，双方还达成共识，“香港仲裁程序”仅包括平等主体间的商事仲裁，不包括投资者与东道主国之间的投资仲裁。

（三）关于内地仲裁程序的界定

安排第六条将可向香港特区法院申请仲裁保全的内地仲裁程序界定为内地仲裁机构管理的仲裁程序，而不论仲裁地是否在内地。主要考虑是：根据香港特区《仲裁条例》《高等法院条例》，就香港以外已经开始或者尚未开始的仲裁程序，香港特区法院均可依申请采取保全措施，而不问仲裁地在哪个法域。由内地仲裁机构管理的、仲裁地在境外的仲裁程序，当事人也可以向香港特区法院申请保全。安排不应缩减内地仲裁机构的此项权能，故界定内地仲裁程序时，未对仲裁地作出限制。

（四）关于受理保全申请的管辖法院

1. 内地受理保全申请的法院。安排第三条第一款规定，内地的管辖法院为被申请人住所地、财产所在地或者证据所在地的内地中级人民法院。另外，采取仲裁保全的目的是保障终局性仲裁裁决的执行，故受理仲裁保全申请的法院应当与受理仲裁裁决执行申请案件的法院一致，以更好地发挥保全的作用。参考《仲裁裁决执行安排》《内地与香港特别行政区法院相互认可和执行民商事案件判决的安排》（以下简称《内地与香港民商事判决互认安排》）等，本安排第三条还规定“被申请人住所地、财产所在地或者证据所在地在不同人民法院辖区的，应当选择向其中一个人民法院提出申请，不得分别向两个或者两个以上人民法院提出申请”。主要考虑是避免因向多个人民法院申请而产生超标的保全等情况。实践中，受理保全申请的法院应当依法审查当事人申请，特别是对当事人提出的关于本辖区以外财产或者证据的保全申请应当依法审查、及时采取保全措施，必要时可请财产或者证据所在地的法院提供协助。

2. 香港受理保全申请的法院。依据香港特区《仲裁条例》《高等法院条例》，安排第六条规定香港的管辖法院为香港特区高等法院，此与受理仲裁裁决执行申请的管辖法院一致。

（五）关于可申请保全的时间和程序

安排第三条第二款、第三款分别规定了在仲裁程序进行中和受理仲裁申请前向内地人民法院申请保全的程序。

1. 仲裁中申请保全的程序。安排第三条第二款规定了仲裁机构或者常设办事处的转递程序，相关程序参照了《中华人民共和国民事诉讼法》第二百七十二条的规定，即当事人申请仲裁保全的，应当通过仲裁机构或者办事处将申请材料提交人民法院。需要说明的是，考虑到香港有关仲裁机构或者常设办事处位于香港，如实践中都要求申请书以及转递函等由香港有关仲裁机构或者常设办事处向内地人民法院提交，将导致转递周期长，不符合保全的紧急性特点，无法充分发挥保全的作用。

应当允许香港仲裁程序的当事人，将保全申请书连同仲裁机构或者办事处的转递函自行提交给内地人民法院；内地人民法院可以根据香港特区政府律政司提供的联系方式向相关仲裁机构或者办事处核实情况。

2. 仲裁前申请保全的程序。安排第三条第三款参照《中华人民共和国民事诉讼法》第一百零一条规定了仲裁前申请保全的程序。此外，安排还增加了关于证明函件的规定，即依据安排于有关机构或者常设办事处受理仲裁申请前申请保全的，在香港有关机构或者常设办事处受理仲裁申请后，应当由该机构或者常设办事处向内地人民法院出具相关证明函件。与上述“仲裁中申请保全的程序”一致，实践中，允许当事人自行将证明函提交给内地人民法院。本款进一步明确，三十日期限的计算以内地人民法院收到证明函件为准。这一期限包括当事人递交仲裁申请、有关机构或者常设办事处受理仲裁申请、该机构或者常设办事处出具证明函件并转递等几个环节，要求每个环节尽快进行。

依据本安排第六条规定，内地仲裁机构管理的仲裁程序的当事人，向香港特区法院申请的仲裁保全协助，既包括仲裁程序进行中的保全，也包括受理仲裁申请前的保全。

（六）关于应当提交的申请材料及相关内容

1. 向内地人民法院申请保全应当提交的材料及申请书内容。安排第四条第一款规定了香港仲裁程序的当事人向内地人民法院申请保全时提交的材料：(1) 保全申请书；(2) 仲裁协议，以方便内地人民法院判断当事人之间的基础法律关系，此为形式审查，并不判断仲裁协议的效力；(3) 身份证明材料；(4) 仲裁申请文件和有关证明函件；(5) 内地人民法院根据具体案情认为还需要提供的其他材料。第四条第二款循《内地与香港民商事判决互认安排》放宽了对“公证、认证”的要求，只有在内地以外形成的身份证明材料才需要进行公证、认证，且具体手续依照内地法律规定办理。

第五条规定了保全申请书应当载明的内容，包括：(1) 当事人的基本情况。(2) 请求事项，包括申请保全财产的数额、申请行为保全的内容和期限等。请求事项应当明确具体。(3) 请求所依据的事实、理由和相关证据，包括关于情况紧急，如不立即保全将会使申请人合法权益受到难以弥补的损害或者将使仲裁裁决难以执行的说明等，以方便审查是否确有保全必要。(4) 申请保全的财产、证据的明确信息或者具体线索。(5) 用于提供担保的内地财产信息或者资信证明。(6) 是否已在其他法院、有关机构或者常设办事处提出本安排所规定的申请和申请情况。(7) 其他需要载明的事项。

2. 向香港特区法院申请临时措施应当提交的材料及相关内容。安排第七条根据香港特区法律列明了当事人向香港特区法院申请保全应当提交的材料以及应当载明的内容。与内地不同，按照香港特区相关法律规定，本条应当载明的内容写于不同材料中，并非只体现在申请书中（香港特区政府律政司向最高人民法院提供了向香港特区法院申请临时措施的参考文书样式，见2019年9月26日最高人民法院官网和最高人民法院官方微信相关内容）。

（七）关于保全申请的审查以及救济

安排第八条规定，法院审查保全申请，要求申请人提供何种担保或者作出承诺、保证，作出是否保全的裁定或者命令等，均依据被请求方法律进行。(1) 要求尽快审查。因保全具有紧迫性，如审查拖延将可能使保全失去意义。内地人民法院应当按照内地法律规定的期限进行审查并作出是否保全的裁定。例如，按照《中华人民共和国民事诉讼法》的规定，对仲裁前保全申请应当于四十八小时内作出裁定。香港特区法律对审查期限没有明确规定，本安排强调应当尽快审查并作出有关命令或者指示。(2) 向内地人民法院申请保全的，申请人应当根据内地法律以及司法解释规定提供担保；向香港特区法院申请保全的，申请人应当根据香港特区法律作出承诺及保证，包括对损害赔偿作出承诺，就被申请人的讼费及其他合理支出提供保证，申请仲裁前保全时承诺立刻申请仲裁等。

安排第九条规定当事人对裁定或者命令不服时，按被请求方有关法律规定处理，在内地，可以申请复议；在香港特区，可以申请解除或者更改。

（八）本安排的时间效力

除本安排生效后开启的仲裁程序外，安排也适用于已经启动、尚未完结的仲裁程序。如仲裁程序于2019年10月1日之前开始，但尚未完结的，当事人可依据安排向内地人民法院或者香港特区法院申请仲裁保全。

（九）关于本安排与现有法律及司法解释的关系

1. 本安排与《仲裁裁决执行安排》的关系。一是两者规范调整的对象不同，本安排针对仲裁裁决尚未作出时的协助事宜；《仲裁裁决执行安排》针对两地终局性仲裁裁决的相互认可和执行事宜。二是两者协助方式不同，依据本安排，当事人向被请求方法院申请保全，由被请求方法院作出保全裁定或者命令；依据《仲裁裁决执行安排》，被请求方法院直接认可和执行对方法院的仲裁裁决。

需要说明的是，本安排并不针对仲裁裁决作出后、向对方法院申请执行前的保全事宜。将来有望通过完善《仲裁裁决执行安排》对此类保全予以规定，司法实践中亦可根据案情采取此类保全。

2. 与两地现有法律的关系。本安排不减损两地相关权利人根据对方法律已经享有的权利。内地仲裁机构、仲裁庭、当事人在本安排生效施行前，依据香港特区《仲裁条例》《高等法院条例》已享有的权利，不因本安排而受减损。

最高人民法院

关于健全完善人民法院审判委员会工作机制的意见

2019年8月2日　　法发〔2019〕20号

为贯彻落实中央关于深化司法体制综合配套改革的总体部署，健全完善人民法院审判委员会工作机制，进一步全面落实司法责任制，根据人民法院组织法、刑事诉讼法、民事诉讼法、行政诉讼法等法律及司法解释规定，结合人民法院工作实际，制定本意见。

一、基本原则

1. 坚持党的领导。坚持以习近平新时代中国特色社会主义思想为指导，增强“四个意识”、坚定“四个自信”、做到“两个维护”，坚持党对人民法院工作的绝对领导，坚定不移走中国特色社会主义法治道路，健全公正高效权威的社会主义司法制度。

2. 实行民主集中制。坚持充分发扬民主和正确实行集中有机结合，健全完善审判委员会议事程序和议事规则，确保审判委员会委员客观、公正、独立、平等发表意见，防止和克服议而不决、决而不行，切实发挥民主集中制优势。

3. 遵循司法规律。优化审判委员会人员组成，科学定位审判委员会职能，健全审判委员会运行机制，全面落实司法责任制，推动建立权责清晰、权责统一、运行高效、监督有力的工作机制。

4. 恪守司法公正。认真总结审判委员会制度改革经验，不断完善工作机制，坚持以事实为根据、以法律为准绳，坚持严格公正司法，坚持程序公正和实体公正相统一，充分发挥审判委员会职能作用，努力让人民群众在每一个司法案件中感受到公平正义。

二、组织构成

5. 各级人民法院设审判委员会。审判委员会由院长、副院长和若干资深法官组成，成员应当为单数。

审判委员会可以设专职委员。

6. 审判委员会会议分为全体会议和专业委员会会议。

专业委员会会议是审判委员会的一种会议形式和工作方式。中级以上人民法院根据审判工作需要，可以召开刑事审判、民事行政审判等专业委员会会议。

专业委员会会议组成人员应当根据审判委员会委员的专业和工作分工确定。审判委员会委员可以参加不同的专业委员会会议。专业委员会会议全体组成人员应当超过审判委员会全体委员的二分之一。

三、职能定位

7. 审判委员会的主要职能是：

（1）总结审判工作经验；

（2）讨论决定重大、疑难、复杂案件的法律适用；

（3）讨论决定本院已经发生法律效力的判决、裁定、调解书是否应当再审；

（4）讨论决定其他有关审判工作的重大问题。

最高人民法院审判委员会通过制定司法解释、规范性文件及发布指导性案例等方式，统一法律适用。

8. 各级人民法院审理的下列案件，应当提交审判委员会讨论决定：

（1）涉及国家安全、外交、社会稳定等敏感案件和重大、疑难、复杂案件；

（2）本院已经发生法律效力的判决、裁定、调解书等确有错误需要再审的案件；

（3）同级人民检察院依照审判监督程序提出抗诉的刑事案件；

（4）法律适用规则不明的新类型案件；

（5）拟宣告被告人无罪的案件；

（6）拟在法定刑以下判处刑罚或者免予刑事处罚的案件；

高级人民法院、中级人民法院拟判处死刑的案件，应当提交本院审判委员会讨论决定。

9. 各级人民法院审理的下列案件，可以提交审判委员会讨论决定：

（1）合议庭对法律适用问题意见分歧较大，经专业（主审）法官会议讨论难以作出决定的案件；

（2）拟作出的裁判与本院或者上级法院的类案裁判可能发生冲突的案件；

（3）同级人民检察院依照审判监督程序提出抗诉的重大、疑难、复杂民事案件及行政案件；

（4）指令再审或者发回重审的案件；

（5）其他需要提交审判委员会讨论决定的案件。

四、运行机制

10. 合议庭或者独任法官认为案件需要提交审判委员会讨论决定的，由其提出申请，层报院长批准；未提出申请，院长认为有必要的，可以提请审判委员会讨论决定。

其他事项提交审判委员会讨论决定的，参照案件提交程序执行。

11. 拟提请审判委员会讨论决定的案件，应当有专业（主审）法官会议研究讨论的意见。

专业（主审）法官会议意见与合议庭或者独任法官意见不一致的，院长、副院长、庭长可以按照审判监督管理权限要求合议庭或者独任法官复议；经复议仍未采纳专业（主审）法官会议意见的，应当按程序报请审判委员会讨论决定。

12. 提交审判委员会讨论的案件，合议庭应当形成书面报告。书面报告应当客观全面反映案件事实、证据、当事人或者控辩双方的意见，列明需要审判委员会讨论决定的法律适用问题、专业（主审）法官会议意见、类案与关联案件检索情况，有合议庭拟处理意见和理由。有分歧意见的，应归纳不同的意见和理由。

其他事项提交审判委员会讨论之前，承办部门应在认真调研并征求相关部门意见的基础上提出办理意见。

13. 对提交审判委员会讨论决定的案件或者事项，审判委员会工作部门可以先行审查是否属于审判委员会讨论范围并提出意见，报请院长决定。

14. 提交审判委员会讨论决定的案件，审判委员会委员有应当回避情形的，应当自行回避并报院长决定；院长的回避，由审判委员会决定。

审判委员会委员的回避情形，适用有关法律关于审判人员回避情形的规定。

15. 审判委员会委员应当提前审阅会议材料，必要时可以调阅相关案卷、文件及庭审音频视频资料。

16. 审判委员会召开全体会议和专业委员会会议，应当有其组成人员的过半数出席。

17. 审判委员会全体会议及专业委员会会议应当由院长或者院长委托的副院长主持。

18. 下列人员应当列席审判委员会会议：

（1）承办案件的合议庭成员、独任法官或者事项承办人；

（2）承办案件、事项的审判庭或者部门负责人；

（3）其他有必要列席的人员。

审判委员会召开会议，必要时可以邀请人大代表、政协委员、专家学者等列席。

经主持人同意，列席人员可以提供说明或者表达意见，但不参与表决。

19. 审判委员会举行会议时，同级人民检察院检察长或者其委托的副检察长可以列席。

20. 审判委员会讨论决定案件和事项，一般按照以下程序进行：

（1）合议庭、承办人汇报；

（2）委员就有关问题进行询问；

（3）委员按照法官等级和资历由低到高顺序发表意见，主持人最后发表意见；

（4）主持人作会议总结，会议作出决议。

21. 审判委员会全体会议和专业委员会会议讨论案件或者事项，一般按照各自全体组成人员过半数的多数意见作出决定，少数委员的意见应当记录在卷。

经专业委员会会议讨论的案件或者事项，无法形成决议或者院长认为有必要的，可以提交全体会议讨论决定。

经审判委员会全体会议和专业委员会会议讨论的案件或者事项，院长认为有必要的，可以提请复议。

22. 审判委员会讨论案件或者事项的决定，合议庭、独任法官或者相关部门应当执行。审判委员会工作部门发现案件处理结果与审判委员会决定不符的，应当及时向院长报告。

23. 审判委员会会议纪要或者决定由院长审定后，发送审判委员会委员、相关审判庭或者部门。

同级人民检察院检察长或者副检察长列席审判委员会的，会议纪要或者决定抄送同级人民检察院检察委员会办事机构。

24. 审判委员会讨论案件的决定及其理由应当在裁判文书中公开，法律规定不公开的除外。

25. 经审判委员会讨论决定的案件，合议庭、独任法官应及时审结，并将判决书、裁定书、调解书等送审判委员会工作部门备案。

26. 各级人民法院应当建立审判委员会会议全程录音录像制度，按照保密要求进行管理。审判委员会议题的提交、审核、讨论、决定等纳入审判流程管理系统，实行全程留痕。

27. 各级人民法院审判委员会工作部门负责处理审判委员会日常事务性工作，根据审判委员会授权，督促检查审判委员会决定执行情况，落实审判委员会交办的其他事项。

五、保障监督

28. 审判委员会委员依法履职行为受法律保护。

29. 领导干部和司法机关内部人员违法干预、过问、插手审判委员会委员讨论决定案件的，应当予以记录、通报，并依纪依法追究相应责任。

30. 审判委员会委员因依法履职遭受诬告陷害或者侮辱诽谤的，人民法院应当会同有关部门及时采取有效措施，澄清事实真相，消除不良影响，并依法追究相关单位或者个人的责任。

31. 审判委员会讨论案件，合议庭、独任法官对其汇报的事实负责，审判委员会委员对其本人发表的意见和表决负责。

32. 审判委员会委员有贪污受贿、徇私舞弊、枉法裁判等严重违纪违法行为的，依纪依法严肃追究责任。

33. 各级人民法院应当将审判委员会委员出席会议情况纳入考核体系，并以适当形式在法院内部公示。

34. 审判委员会委员、列席人员及其他与会人员应严格遵守保密工作纪律，不得泄露履职过程中知悉的审判工作秘密。因泄密造成严重后果的，严肃追究纪律责任和法律责任。

六、附则

35. 本意见关于审判委员会委员的审判责任范围、认定及追究程序，依据《最高人民法院关于完善人民法院司法责任制的若干意见》及法官惩戒相关规定等执行。

36. 各级人民法院可以根据本意见，结合本院审判工作实际，制定工作细则。

37. 本意见自2019年8月2日起施行。最高人民法院以前发布的规范性文件与本意见不一致的，以本意见为准。

健全完善审判委员会工作机制
推动司法责任制全面落实

——最高人民法院审管办负责人就《关于健全完善人民法院审判委员会工作机制的意见》答记者问

为贯彻落实中央关于深化司法体制综合配套改革的战略部署，进一步全面落实司法责任制，2019年8月2日，最高人民法院印发了《关于健全完善人民法院审判委员会工作机制的意见》（以下简称《意见》）。

问：请介绍一下《意见》的制定背景和起草思路？

答：审判委员会制度是中国特色社会主义司法制度的重要组成部分，是本轮司法体制综合配套改革的重要内容。党的十八届三中全会明确提出，“改革审判委员会制度，完善主审法官、合议庭办案责任制，让审理者裁判、由裁判者负责”。党的十九大报告进一步提出，“深化司法体制综合配套改革，全面落实司法责任制，努力让人民群众在每一个司法案件中感受到公平正义”。人民法院“四五改革纲要”“五五改革纲要”对审判委员会制度改革的具体方向、目标任务等均作出较为具体的规定。2018 年 10 月 26 日，第十三届全国人大常委会第六次会议审议通过人民法院组织法（修订草案），对审判委员会制度进行了较大修改，巩固了审判委员会制度改革经验。为贯彻落实中央关于深化司法体制改革的重大战略部署及新修订的人民法院组织法，我们在认真调研论证和充分征求意见的基础上研究制定了《意见》，进一步健全完善相关工作机制，充分发挥审判委员会的职能作用。

在起草思路上，我们主要把握以下几点：一是坚定正确政治方向。坚持党对人民法院工作的绝对领导，实行民主集中制，坚持中国特色社会主义司法制度，坚定不移走中国特色社会主义法治道路。二是遵循司法规律。认真贯彻落实中央关于深化司法体制改革的精神，优化审判委员会人员组成，科学定位审判委员会职能，健全审判委员会运行机制，理顺合议庭与审判委员会的关系，全面落实司法责任制。三是恪守司法公正。坚持以事实为根据、以法律为准绳，坚持程序公正和实体公正相统一，充分发挥审判委员会职能作用，努力让人民群众在每一个司法案件中感受到公平正义。四是认真贯彻落实新修订的人民法院组织法。在起草过程中，及时关注人民法院组织法的修改，确保《意见》与人民法院组织法的最新修订精神相一致，确保符合司法体制改革的整体方向。

问：《意见》对审判委员会的人员组成和会议形式是怎么规定的，如何正确认识和理解审判委员会专业委员会会议？

答：长期以来，各级人民法院审判委员会委员一般由院领导、一些审判业务庭的庭长担任，呈现一定的行政化色彩。为切实加强审判委员会的专业化建设，进一步提升议事质效，《意见》增加了审判委员会组成人员的规定，明确将资深法官列为审判委员会组成人员，确保政治素质高、法学理论功底深厚、审判经验丰富、不担任领导职务的资深法官能够担任审判委员会委员。关于审判委员会的会议形式，《意见》严格贯彻落实新修订的人民法院组织法，将审判委员会会议分为全体会议和专业委员会会议。

近年来，为充分发挥审判委员会的职能作用，最高人民法院和部分高中级人民法院在司法改革实践中探索设立了刑事审判、民事行政审判专业委员会，取得了比较显著的效果。新修订的人民法院组织法充分肯定了人民法院的实践探索，首次以立法形式明确了审判委员会专业委员会会议的法律地位。《意见》明确：第一，专业委员会会议是审判委员会的一种会议形式，是人民法院根据审判工作实际探索出的行之有效的工作方式，是审判委员会根据专业分工履行职责的一种工作机制。中级以上人民法院根据审判工作需要，可以召开刑事审判、民事行政审判等专业委员会会议。其次，专业委员会会议组成人员均是审判委员会委员，具体组成应当根据审判委员会委员的专业和工作分工确定。同时，为了确保专业委员会会议的议事质量，《意见》规定专业委员会会议全体组成人员应当超过审判委员会全体委员的二分之一。再次，审判委员会全体会议与专业委员会会议讨论案件的决定，合议庭均应当执行。

问：人民法院“五五改革纲要”提出，要强化审判委员会总结审判经验、统一法律适用、研究讨论审判工作重大事项的宏观指导职能。请问，《意见》是如何科学界定审判委员会职能的？

答：审判委员会是各级人民法院最高审判组织，长期以来在总结审判经验、促进司法公正、统一法律适用等方面发挥了十分重要的作用。《意见》根据新修订的人民法院组织法的有关规定，认真贯彻落实司法改革精神，突出各级人民法院审判委员会总结审判工作经验的职能作用，明确审判委员会讨论决定重大、疑难、复杂案件的法律适用的职能，在事实认定和法律适用上进一步厘清合议庭和审判委员会的关系，增加审判委员会讨论决定本院已经发生法律效力的判决、裁定、调解书是否应当再审及其他有关审判工作的重大问题等职能。同时，明确规定最高人民法院审判委员会通过制定司法解释、规范性文件及发布指导性案例等方式，统一全国法院法律适用。

问：《意见》对审判委员会讨论案件的范围是如何规定的？

答：根据新修订的人民法院组织法和“人民法院第五个五年改革纲要”，《意见》明确了应当提交和可以提交审判委员会讨论决定的案件范围。关于应当提交审判委员会讨论决定的案件，按照中央司法体制改革精神，《意见》将涉及国家安全、外交、社会稳定等敏感案件和重大、疑难、复杂案件纳入应当提交审判委员会讨论决定的范围；根据刑事诉讼法、民事诉讼法、行政诉讼法等法律及司法解释规定，《意见》将本院已经发生法律效力的判决、裁定、调解书等确有错误需要再审的案件，同级人民检察院依照审判监督程序提出抗诉的刑事案件，高级人民法院、中级人民法院拟判处死刑的案件纳入应当提交审判委员会讨论决定的范围；其中，高级人民法院、中级人民法院拟判处死刑的案件，既包括拟判处死刑立即执行的案件，也包括拟判处死刑缓期二年执行的案件。同时，根据司法实践需要，《意见》将法律适用规则不明的新类型案件、拟宣告被告人无罪的案件、拟在法定刑以下判处刑罚或者免予刑事处罚的案件也纳入应当提交审判委员会讨论决定的范围。关于“可以提交”审判委员会讨论决定的案件范围，《意见》亦进行了规范，规定下列案件可以提交审判委员会讨论决定：(1) 合议庭对法律适用问题意见分歧较大，经专业（主审）法官会议讨论难以作出决定的案件；(2) 拟作出的裁判与本院或者上级法院的类案裁判可能发生冲突的案件；(3) 同级人民检察院依照审判监督程序提出抗诉的重大、疑难、复杂民事案件及行政案件；(4) 指令再审或者发回重审的案件；(5) 其他需要提交审判委员会讨论决定的案件。

另外，为有效控制审判委员会讨论案件范围，确保审判委员会更好履行总结审判经验、统一法律适用、研究讨论审判工作重大事项等宏观指导职能，不断提升审判委员会讨论案件质效，《意见》规定拟提请审判委员会讨论决定的案件，应当有专业（主审）法官会议研究讨论的意见，以此作为审判委员会讨论案件的前置过滤机制。

问：司法责任制改革全面推开后，我们了解到，少数地方法院由于没有正确处理放权和监督的关系，出现了监督管理弱化的现象。请问，在强化监督管理方面，《意见》有哪些举措？

答：2018 年召开的全面深化司法体制改革推进会及全国法院审判执行工作会明确提出：“坚持有序放权与有效监督相统一，加快构建新型审判监督机制，切实发挥审判委员会对重大敏感和疑难复杂案件的把关作用，确保法律统一正确实施”。为认真贯彻上述会议精神，《意见》明确规定：一是类案及关联案件检索机制。《最高人民法院司法责任制实施意见（试行）》确立该项机制以来，全国不少法院要求承办法官在审理案件时，依托办案平台、档案系统、中国裁判文书网、法信、智审等，对已经审结或正在审理的类案与关联案件进行全面检索并制作检索报告，为合议庭、主审法官会议、审判委员会研究讨论案件提供必要支持，取得明显效果。为加强审判监督管理，统一类案裁判尺度和标准，《意见》进一步明确案件提交审判委员会讨论之前，合议庭应当形成书面报告，列明类案与关联案件检索情况。二是审判委员会讨论决定案件的启动机制。为加强院长、庭长对案件的监督管理，实现有序放权与有效监督相结合，《意见》规定，合议庭或者独任法官认为案件需要提交审判委员会讨论决定的，由其提出申请，层报院长批准；未提出申请，院长认为有必要的，可以提请审判委员会讨论决定。三是备案管理机制。为避免承办人拖延执行审判委员会决定的问题，《意见》要求合议庭、独任法官及时落实审判委员会对案件的讨论决定，并将判决书、裁定书、调解书等送审判委员会工作部门备案，如发现案件处理结果与审判委员会决定不符的，由审判委员会工作部门及时向院长报告。

问：科学的议事程序和议事规则是确保审判委员会公正高效运作的重要制度保障。请问《意见》对审判委员会的议事程序和议事规则是如何规定的？

答：为坚持民主集中制原则，确保审判委员会公正高效运行，《意见》在总结以往经验的基础上，规范了审判委员会的议事程序和议事规则。关于议事程序，《意见》明确审判委员会一般遵循合议庭、承办人汇报—委员就有关问题进行询问—委员发表意见—主持人作会议总结、会议作出决议的议事程序。同时，《意见》完善了讨论决定案件时委员的发言顺序，即按照法官等级和资历由低到高的顺序发表意见，主持人最后发表意见，确保委员客观、公正、独立、平等发表意见。关于议事规则，《意见》明确审判委员会全体会议和专业委员会会议讨论案件或者事项，一般按照各自全体组成人员（而非出席会议人员）过半数的多数意见作出决定，同时少数委员的意见要记录在卷，充分体现了议事的民主性，旨在发挥审判委员会的集体智慧，确保司法公正。此外，《意见》规定了两种特殊情形，一是经专业委员会会议讨论的案件或者事项，无法形成决议或者院长认为有必要的，可以提交全体会议讨论决定，二是经审判委员会全体会议和专业委员会会议讨论的案件或者事项，院长认为有必要的，可以提请复议，这里既明确了专委会与审委会全体会议之间的关系，也充分体现出民主基础上的集中。

问：最高人民法院近年来坚持以公开为原则，不公开为例外，持续推进司法公开工作，赢得社会各界和人民群众的广泛赞誉。请问《意见》是如何体现公开原则的？

答：党的十八届四中全会提出，要构建开放、动态、透明、便民的阳光司法机制，强化诉讼过程中当事人和其他诉讼参与人知情权的制度保障。根据中央文件要求和司法改革的精神，《意见》确立了审判委员会的公开机制。一是审判委员会的决定及理由公开，《意见》重申新修订的人民法院组织法第三十九条第三款的规定，明确除法律规定不予公开的情形之外，审判委员会讨论案件的决定及其理由应当在裁判文书中公开。二是按照周强院长关于“不断深化司法公开，进一步增强审判委员会工作的透明度，更好地倾听民意、汇聚民智”的指示精神，《意见》建立了邀请人大代表、政协委员、专家学者等列席审判委员会的工作机制，以拉近司法与民众的距离，争取社会各界对人民法院工作支持。

问：“让审理者裁判，由裁判者负责”是本轮司法体制改革的重要目标，请问《意见》在此方面有何体现？

答：根据中央司法体制改革精神和有关部署，《意见》理清了合议庭与审判委员会的关系，明确规定审判委员会讨论案件，合议庭、独任法官对其汇报的案件事实负责，审判委员会委员对其本人发表的意见和表决负责，具体审判责任范围、认定及追究程序，依据《最高人民法院关于完善人民法院司法责任制的若干意见》及法官惩戒相关规定等执行。同时规定，审判委员会委员有贪污受贿、徇私舞弊、枉法裁判等严重违纪违法行为的，依纪依法严肃追究责任。

最高人民法院刑民交叉案件六大典型案例[①]

（最高人民法院2019年7月11日发布）

一、倖旗公司诉辽宁储运公司、谷物公司等借款合同纠纷案

二、李晶诉温颜擎、邢野等财产损害赔偿纠纷案

三、潘强与金卿民间借贷纠纷抗诉案

① 为深入贯彻中央关于保护产权及保护企业家权益、构建良好法治营商环境的要求，进一步明确刑民交叉案件裁判规则，防止办案机关利用刑事手段干预经济纠纷，2019年7月11日最高人民法院司法案例研究院和国家检察官学院共同主办的第十九期“案例大讲坛”在杭州市人民检察院举行。大讲坛发布了对处理刑民交叉案件有参考和指导意义的系列典型案例。

四、叶某某、毛某某等涉嫌骗取贷款案

五、洪聪聪诉曹正林、杨翠龙等民间借贷纠纷案

六、徐盼诉中国建设银行股份有限公司、中国建设银行股份有限公司北京市分行信用卡纠纷案

一、俸旗公司诉辽宁储运公司、谷物公司等借款合同纠纷案

【案情简介】

案外人杨一、黄建、崔杨、李旗等分别与谷物公司、俸旗公司签订《欠款确认及债权转让协议书》等，将其对谷物公司的债权转让给俸旗公司。2014 年 6 月 4 日，俸旗公司（质权人）与谷物公司（出质人）签订《最高额动产质押合同》，约定谷物公司以自有玉米 145400 吨作价 3 亿元人民币提供质押担保，用以担保前述借款本息的履行。同日，俸旗公司（质权人）、谷物公司（出质人）、辽宁储运公司（监管人）共同签订《动产质押监管协议》。后辽宁储运公司向俸旗公司出具了《收到质物通知书》，明确告知已收到质押物 145400 吨玉米。6 月 9 日，辽宁储运公司收取了 150 万元监管费。2014 年 7 月，因谷物公司未能履行还款义务，俸旗公司按《动产质押监管协议》约定行使质权并出具《放货通知书》，要求辽宁储运公司办理对质押物 145400 吨玉米的提货手续，但辽宁储运公司未能向俸旗公司提供质押物。俸旗公司诉至法院，要求谷物公司清偿欠款及逾期利息、处置质押物，所得价款俸旗公司优先受偿。并要求辽宁储运公司就谷物公司所欠债务在 3 亿元范围内承担连带赔偿责任。

一审法院查明，谷物公司法定代表人刘有文因涉嫌合同诈骗罪现被羁押于吉林省新康监狱。刘有文在被讯问中自认：其与俸旗公司签订《最高额动产质押合同》后未依约向俸旗公司提供质押物 145400 吨玉米；俸旗公司、辽宁储运公司对质物 145400 吨玉米自始不存在是知道的。一审法院认为，关于本案应偿还的本金，俸旗公司主张 26320 万元中为本金 20800 万元，各方对此均无异议，予以支持。对于利息可依照当时有效的《最高人民法院关于人民法院审理借贷案件的若干意见》第六条："民间借贷的利率可以适当高于银行的

利率，各地人民法院可根据本地区的实际情况具体掌握，但最高不得超过银行同类贷款利率的四倍（包含利率本数）。超出此限度的，超出部分的利息不予保护”的规定确定。根据刘有文的自认等，证实涉案质押的玉米并不存在，《最高额动产质押合同》中所涉质权未依法设立，俸旗公司无法享有处置质押物所得价款优先受偿的权利，对此诉求，不予支持。根据《动产质押监管协议》约定，辽宁储运公司应承担相应的违约责任。但因大连谷物公司系主债务人，辽宁储运公司为监管人，依据公平原则，辽宁储运公司应在谷物公司不能偿还俸旗公司债务的范围内承担赔偿责任即应承担的是补充赔偿责任。因监管的质押物当时作价3亿元，所以其应在3亿元范围内对谷物公司不能偿还俸旗公司债务造成的损失承担赔偿责任。

辽宁储运公司不服上诉至二审法院，主张俸旗公司知道涉案质物自始不存在，应自行承担责任。同时认为因谷物公司虚假出质构成犯罪，本案应依法移送公安机关处理。

二审法院认为，关于本案是否应当移送公安机关处理的问题。从动产质押监管的角度分析，本案存在两个法律关系：一个是债权债务及担保法律关系，债权债务法律关系是通过债权转让而形成，担保法律关系是通过签订《最高额动产质押合同》形成，债权债务及担保法律关系的主体为债权人、质权人俸旗公司及债务人、出质人谷物公司。另一个是动产质押监管法律关系，合同依据是《动产质押监管协议》，合同主体为委托人俸旗公司及受托人辽宁储运公司。审理动产质押监管纠纷的主要法律关系依据是俸旗公司与辽宁储运公司基于《动产质押监管协议》形成的合同关系。谷物公司及其法定代表人是否基于借款及担保事实涉嫌经济犯罪与本案审理的动产质押监管法律关系并无同一性，本案作为民事案件应当继续审理。辽宁储运公司关于本案因大连谷物公司及其法定代表人涉嫌经济犯罪应当移送公安机关处理的上诉请求没有事实和法律依据，不应支持。谷物公司、俸旗公司与辽宁储运公司对涉案质权不能设立均有过错，对所造成的损失均应承担责任。二审法院改判辽宁储运公司在人民法院对债务人谷物公司及其他担保人强制执行后俸旗公司债权仍不能清偿部分，承担不超过30%的补充赔偿责任。

【典型意义】

同一公民、法人或其他经济组织因不同的法律事实，分别涉及经济纠纷和经济犯罪嫌疑的，经济纠纷案件和经济犯罪嫌疑案件应当分开审理。本案存在两个法律关系：一个是债权债务及担保法律关系，另一个是动产质押监管法律关系。双方之间的动产质押监管法律关系和俸旗公司、大连谷物公司之间的债权债务及担保法律关系，不仅主体不同，权利义务关系不同，而且并非基于同一法律事实，本案作为民事案件应当继续审理。

二、李晶诉温颜擎、邢野等财产损害赔偿纠纷案

【案情简介】

2006年11月，邢野、温颜擎、申海霞以大连桦源公司名义与欣桑达公司签订《合同协议》，骗取欣桑达公司、李晶（欣桑达公司法定代表人）943万元，后法院判决三人犯合同诈骗等数罪。经追赃返还李晶一台奥迪车价值60万元。温颜擎为取得李晶谅解，与李晶达成赔偿500万元赔偿协议。但刑事判决中返还的赃款赃物以及温颜擎与李晶达成的赔偿协议中的款项尚不足以弥补李晶因该《合同协议》而遭受的损失。现李晶以温颜擎、邢野、沈伟刚、申海霞为被告提起民事诉讼，请求赔偿损失。

生效民事判决认为，邢野、温颜擎、申海霞三人行为性质属于恶意串通以合法形式掩盖非法目的非法占有他人财产的行为，其应当返还财产并赔偿因其诈骗行为给被害人造成的损失。《最高人民法院关于适用〈中华人民共和国刑事诉讼法〉的解释》第一百六十四条规定：被害人或者其法定代理人、近亲属在刑事诉讼过程中未提起附带民事诉讼，另行提起民事诉讼的，人民法院可以进行调解，或者根据物质损失情况作出判决。根据该规定，刑事案件的被害人可以在特定情况下另行提起民事诉讼，要求赔偿相关损失。追缴与责令退赔在对刑事被害人权利救济上是相辅相成的，目的在于保护被害人合法利益不受损害。根据《最高人民法院关于刑事附带民事诉讼范围问题的规定》第五条规定：犯罪分子非法占有、处置被害人财产而使其遭受物质损失的，人民法院应当依法予以追缴或者责令退赔。被追缴、退赔的情况，人民法院可以作为量刑情节予以考虑。经过追缴或者退赔仍不能弥补损失，被害人向人民法院民事审判庭另行提起民事诉讼的，人民法院可以受理。法院判令邢野、温颜擎、申海霞等赔偿李晶财产损失383万元。

【典型意义】

本案中，生效的刑事法律文书并未注明责令被告人退赔被非法占有、处置的财产，且追缴财产的金额或财物的名称、数量等情况并不明确、具体。本案刑事裁判退赔、追缴不明确，加之经过退赔、追缴仍不能弥补全部损失，被害人李晶提起民事诉讼要求相关赔偿，应当予以支持。

三、潘强与金卿民间借贷纠纷抗诉案

【案情简介】

2017 年 6 月 15 日，被告金卿向原告潘强出具借条一份，约定：借款金额为 40000 元，借款期限为 1 个月，2017 年 7 月 14 日前归还，借款月利率按 1% 计算；如被告未能在约定的还款期限内向原告归还本息 40400 元，被告愿意向原告支付每日借款总金额 1% 的滞纳金。同日，原告通过银行汇款将 40000 元款项交付至被告。原告陈述，借款发生后被告未支付过利息及归还过本金。原告诉请判令被告向原告归还借款本金 40000 元，利息 400 元，以及违约金（从 2017 年 7 月 15 日至今的每天 400 元整）。

浙江省绍兴市越城区人民法院经审理认为，原告潘强与被告金卿之间的民间借贷关系，双方主体适格，意思表示真实，内容未违反法律及行政法规的强制性规定，应认定合法有效。根据原告提供的证据并结合其庭审陈述可认定被告金卿尚欠原告借款本金 40000 元、利息 400 元，对原告要求被告归还上述借款本息的诉讼请求，该院予以支持。原告主张的违约金，虽在借条中有约定，但已超出法律允许的范围，该院依法调整为按年利率 24% 计算，经计算，截至原告起诉之日的违约金为 880 元。判决：一、被告金卿归还原告潘强借款本金 40000 元，支付利息 400 元，并支付违约金 880 元，共计 41280 元，于本判决生效之日起十日内履行；二、驳回原告潘强的其他诉讼请求。一审判决后，各方均未上诉，判决已发生法律效力。

检察机关在履行职责中发现潘强等人涉嫌套路贷有关犯罪，浙江省绍兴市柯桥区人民检察院已于 2018 年 3 月 16 日以涉嫌虚假诉讼罪批准逮捕犯罪嫌疑人潘强、朱某。绍兴市人民检察院审查后认为，潘强等人涉嫌套路贷犯罪行为损害了国家和社会公共利益，启动依职权监督程序，进行了调查和审查，查明事实如下：从2017年3月开始，潘强、朱某恒、朱某根、杜某军、李某五人未经依法注册审批，在越城区财源中心大厦开设了“昊瑞”公司，非法从事小额贷款业务。该公司假借民间借贷，针对本地人只需要身份证贷款，向不特定人员放贷。通过向受害人收取保证金、平台费、业务费等虚高手续费用，并在贷款中直接扣除第一期还款本息，随后以潘强个人名义与被害人签订大幅虚增借款数额的借条，并要求被害人写下还款承诺书，以此达到非法获利的目的。受害人如果逾期不还，潘强会凭借虚增金额借条、还款承诺书等证据，向法院提起诉讼；而受害人往往因为在案前受到胁迫，只能在审判阶段完全“承认”借款事实。目前，绍兴市柯桥区人民检察院对潘强、朱某恒、朱某根以涉嫌虚假诉讼罪批准逮捕。从案件性质上考虑，潘强涉嫌刑事犯罪事实清楚，证据充分。

检察机关于2018年5月10日向法院提出抗诉。主要理由如下：原审判决依据原告潘强的庭审陈述及其所提供借条，认定被告金卿欠原告潘强借款40000元。依据公安机关对潘强、朱某等人所制作的侦查讯问笔录，他们均承认金卿出具的借条金额为40000元，但通过收取保证金、平台费、业务费等虚高手续费用、并在贷款中直接扣除第一期还款本息等方法后，金卿实际拿到的借款仅仅为26000元左右，原告潘强违反有关法律法规的规定，依据借条大幅虚增借款数额提出诉讼请求，已涉嫌套路贷犯罪，原审法院支持其请求判决金卿归还40000元借款，显属不当。

法院再审审理后认为，人民法院作为民事纠纷受理的案件，经审理认为不属于民事纠纷而有犯罪嫌疑的，应当裁定驳回起诉。根据抗诉机关的抗诉意见和本案当事人的陈述，本案有疑似套路贷之犯罪嫌疑。检察机关目前正在审查起诉中。据此，依照《最高人民法院关于审理经济纠纷案件中涉及经济犯罪嫌疑若干问题的规定》第十一条和《最高人民法院关于适用〈中华人民共和国民事诉讼法〉的解释》第四百零八条之规定，裁定：一、撤销浙江省绍兴市越城区人民法院（2017）浙0602民初9351号民事判决；二、驳回原审原告潘强的起诉。

【典型意义】

本案是一起典型的名为民间借贷，实为套路贷犯罪案件，犯罪分子通过收取保证金、平台费、业务费等虚高手续费用，虚增债权债务、制造银行流水痕迹等方式，形成证据链条闭环，并借助民事诉讼程序实现非法目的。本案原审原告潘强的行为已涉嫌犯罪，依照《最高人民法院关于在审理经济纠纷案件中涉及经济犯罪嫌疑若干问题的规定》和《最高人民法院关于审理民间借贷案件适用法律若干问题的规定》，应裁定驳回起诉。

四、叶某某、毛某某等涉嫌骗取贷款案

【案情简介】

叶某某、毛某某、李某某均系瑞涛贸易有限公司（以下简称瑞涛公司）、美迪起重机械有限公司（以下简称美迪公司）股东。

2013 年 1 月，美迪公司向北京银行某支行申请贷款 1000 万元，并提供了美迪公司与瑞涛公司之间的虚假购销合同。在该笔贷款申请中，叶某某提供了其夫妇所有的某市富春街道富春路一营业房作抵押（2013 年评估价 1657 万）。美迪公司获取贷款后，500 万元直接用于公司经营，500 万元作为叶某某个人出借给公司的钱款，由叶某某收取利息。2014 年 1 月，叶某某、李某某、毛某某等人以美迪公司名义向北京银行某支行贷款的 1000 万元到期，需要转贷款，但北京银行明确不予转贷。为此，叶某某等瑞涛公司的股东经决议，利用沈某（系该公司隐名股东，另案处理）在招商银行某支行分管个贷的职务便利，由代毛某某持股的许某某出面，以个人经营性贷款方式向招商银行申请贷款 800 万元。叶某某、毛某某、李某某代表瑞涛公司向招商银行提供了虚假的公司财务报表和与威通公司的购销合同。招商银行经审核向许某某授信最高额 800 万元、授信期限为 5 年的循环贷款，由叶某某、李某某等提供个人担保，由叶某某与其丈夫邵某某所有的富春街道富春路某营业房作抵押（银行贷前评估值 1500 余万元）。2014 年 1 月 22 日，招商银行发放贷款 800 万元。贷款主要用于归还北京银行的贷款。2015 年 1 月贷款到期后，由叶某某具体操作向招商银行转贷 800 万元。2016 年 1 月贷款到期后，其他股东不愿再提供担保，也未履行担保责任，贷款逾期。同年 1 月 26 日，招商银行向某区法院提起诉讼，要求拍卖或变卖抵押物优先受偿。叶某某于 2016 年 4 月 18 日主动前往公安机关投案。

【典型意义】

本案是一起因股东对贷款承担责任而产生纠纷的案件，刑事立案不应成为担保人规避担保责任的手段。叶某某作为涉案贷款实质上的用款人之一及担保人，对于贷款用途、公司经营情况等具有准确的认知，其将名下房产用于抵押担保系出于真实、自愿，并非受他人欺骗所致，理应承担其相应的担保责任。在本案可通过民事途径妥善处理的情况下，刑事手段就不应轻易介入。

五、洪聪聪诉曹正林、杨翠龙等民间借贷纠纷案

【案情简介】

2017 年 11 月 3 日，案外人方秋良、肖平与被告曹正林之妹曹新妹签订《借款合同》，约定向其出借人民币 250 万元（以下币种均为人民币）；同日，肖平又与曹正林另一妹徐国玲签订《借款合同》，约定向其出借 350 万元；曹正林为上述两笔借款（以下简称借款 1）提供连带保证。同日，肖平向曹新妹、徐国玲（以下简称曹家姐妹）分别转账 250 万元和 350 万元；曹家姐妹收款后，立即将钱款如数转账给被告杨翠龙。2018 年 1 月 12 日，原告洪聪聪与曹正林签订《借款合同》（以下简称涉案协议），约定洪聪聪为曹正林提供借款 600 万元（以下简称借款 2），被告杨翠龙、万耀平提供连带保证。同月 16 日，洪聪聪由银行向曹正林转账 600 万元；同日，由曹正林担任法定代表人的上海淼升管线设备配套有限公司（以下简称淼升公司）分别向曹家姐妹转账 250 万元和 350 万元，曹家姐妹收款后立即将钱款全部转给方秋良，并在汇款时备注“还款”。后洪聪聪因借款 2 与曹正林、杨翠龙、万耀平产生争议，故将三人诉至上海市闵行区人民法院，请求判令曹正林归还借款本金 600 万元及利息，杨翠龙、万耀平对上述债务承担连带保证责任。

一审法院认定借款 2 合法有效，判决支持原告洪聪聪关于本金和利息等大部分诉讼请求。曹正林等三人不服，上诉请求改判驳回原告全部诉讼请求。曹正林上诉称，借款 1、2 的实际出借人都是方秋良，肖平和洪聪聪都是方秋良任法定代表人的上海杰初资产管理有限公司（以下简称杰初公司）的员工。借款 1 的实际用款人也不是曹正林而是杨翠龙，借款 1 已经由杨翠龙陆续归还

完毕，方秋良于2018年1月16日转给其的600万元，是根据方秋良的要求，其拿出自有资金600万元，依次经由淼升公司打给曹家姐妹，曹家姐妹打款给方秋良，然后方秋良再将上述款项还给自己。其之所以与洪聪聪签订涉案协议，是为了给杰初公司平账之用。故曹正林从未拿到过任何钱款，借款2乃其受到欺骗签订的虚假合同。

二审期间，二审法院分别召集双方当事人、案外人方秋良进行单独谈话。各方在关于“借款1是否已经归还”“借款2是否实际发生”“涉案协议的真实用途”“曹正林是否具有真实的借款意愿和需求”等关键问题的表述上存在明显相互矛盾和推诿之处，针对诸多细节的描述亦有悖常理和交易习惯。二审法院由此认定，本案存在相关人员以非法占有为目的，借民间借贷之名，虚构债权债务关系，同时借助诉讼手段非法占有他人财物之嫌疑，即涉嫌套路贷。据此，二审法院最终裁定撤销一审判决，驳回洪聪聪的起诉。

【典型意义】

本案中虽然相关刑事案件还未立案，但二审法院发现该案存在诱使被害人签订“借贷”“担保”协议、制造资金走账流水等虚假给付事实、故意制造违约、借助诉讼程序意图非法占有被害人财物等明显的套路贷特征，依职权对此进行了调查和取证。经过与各方当事人的单独谈话，以及对各方当事人提交的证据逐一比对分析，最终认定该案涉嫌套路贷，存在诈骗犯罪之嫌疑。根据现有证据，虽无法判定具体诈骗之主体，但此问题无法在该案审理中得以解决，必须依赖刑事案件的处理结果而定，据此裁定驳回起诉。

六、徐盼诉中国建设银行股份有限公司、中国建设银行股份有限公司北京市分行信用卡纠纷案

【案情简介】

2011年6月28日，徐盼向中国建设银行股份有限公司北京市分行（以下简称建行北分）申请办理信用卡，并签署相关文件。根据《领用协议》的约定，建行北分负有在约定期限和额度内向徐盼提供资金、保障其账户安全、维护其合法权益的义务；徐盼负有按期归还欠款、妥善保管信用卡及信用卡信

息、遵循银行相关业务规定使用信用卡的义务。后徐盼获得一张信用卡。

2015 年 11 月 4 日，该信用卡开通账号支付功能并产生两笔消费，分别为 4500 元、5000 元。同日，徐盼向公安机关报案称：当天 11 时 50 分左右，其收到一条 95533 发送的手机短信，告知信用卡积分可以换钱，其点开短信里面的链接"wap. czcvnn. com"，在页面上下载安装了一个客户端软件，并按照提示操作，输入了手机号码和信用卡卡号和后 3 位以及卡片日期。然后手机收到了 2 条验证码短信，其输入了验证码，被刷走了 4500 元和 5000 元两笔款项。因与银行协商未果，徐盼诉至法院，请求判令建行总行、建行北分承担 9500 元以及利息、滞纳金；且建行总行、建行北分不得将其逾期还款的行为列入中国人民银行征信中心不良信用记录。

经备案的建设银行互联网网站网址域名及 WAP 网站域名均非"wap. czcvnn. com"。涉案信用卡卡面上明确记载该银行的网站域名，徐盼被盗刷前建行北分向其寄送的对账单上亦记载有近期不法分子发短信诱骗客户登录钓鱼网站实施网络盗刷的情况提示、建设银行官方网站网址、手机网页网址等信息。且徐盼陈述其在报案后返回银行营业厅时发现营业厅外 LED 大屏幕有"网络盗刷"的滚动提示。

法院认为：建行北分作为依法设立并领取营业执照的商业银行分支机构，是本案中的合同主体及因合同纠纷承担责任的主体。涉案《领用协议》合法有效。涉案两笔交易系徐盼未按照《领用协议》的约定进行交易而产生。建行北分已尽到保障持卡人账户安全的义务。因徐盼信用卡诈骗一案仍在公安机关侦查中，徐盼可以待刑事案件侦破后要求相关责任人承担责任。据此法院判决驳回徐盼的诉讼请求。

【典型意义】

本案强调了涉嫌刑事犯罪的事实与民商事案件虽有关联但不是同一事实的，如果民商事案件基本事实的认定不以刑事案件的审理结果为前提，则民商事案件可以继续审理。这一做法有利于及时化解民事纠纷，维护民事主体的合法权益。

[部门规章、规章性文件与解读]

国家知识产权局

关于修改《专利审查指南》的决定

（2019 年 9 月 23 日）

国家知识产权局决定对《专利审查指南》作如下修改：

一、第一部分第一章第 5.1.1 节的修改

将《专利审查指南》第一部分第一章第 5.1.1 节第（3）项第 5 段修改为：

但是，因审查员发出分案通知书或审查意见通知书中指出分案申请存在单一性的缺陷，申请人按照审查员的审查意见再次提出分案申请的，再次提出分案申请的递交时间应当以该存在单一性缺陷的分案申请为基础审核。不符合规定的，不得以该分案申请为基础进行分案，审查员应当发出分案申请视为未提出通知书，并作结案处理。

将《专利审查指南》第一部分第一章第 5.1.1 节第（4）项修改为：

（4）分案申请的申请人和发明人

分案申请的申请人应当与提出分案申请时原申请的申请人相同。针对分案申请提出再次分案申请的申请人应当与该分案申请的申请人相同。不符合规定的，审查员应当发出分案申请视为未提出通知书。

分案申请的发明人应当是原申请的发明人或者是其中的部分成员。针对分案申请提出的再次分案申请的发明人应当是该分案申请的发明人或者是其中的部分成员。对于不符合规定的，审查员应当发出补正通知书，通知申请人补正。期满未补正的，审查员应当发出视为撤回通知书。

本节其他内容无修改。

二、第一部分第一章第 6.7.2.2 节的修改

将《专利审查指南》第一部分第一章第 6.7.2.2 节第（2）项修改为：

（2）申请人（或专利权人）因权利的转让或者赠与发生权利转移提出变更请求的，应当提交双方签字或者盖章的转让或者赠与合同。必要时还应当提交主体资格证明，例如：有当事人对专利申请权（或专利权）转让或者赠与有异议的；当事人办理专利申请权（或专利权）转移手续，多次提交的证明文件相互矛盾的；转让或者赠与协议中申请人或专利权人的签字或者盖章与案件中记载的签字或者盖章不一致的。该合同是由单位订立的，应当加盖单位公章或者合同专用章。公民订立合同的，由本人签字或者盖章。有多个申请人（或专利权人）的，应当提交全体权利人同意转让或者赠与的证明材料。

本节其他内容无修改。

三、第一部分第三章第 4 节的修改

删除《专利审查指南》第一部分第三章第 4.2 节第 4 段和第 4.3 节第 3 段第（7）项，并增加第 4.4 节内容如下：

4.4 涉及图形用户界面的产品外观设计

涉及图形用户界面的产品外观设计是指产品设计要点包括图形用户界面的设计。

4.4.1 产品名称

包括图形用户界面的产品外观设计名称，应表明图形用户界面的主要用途和其所应用的产品，一般要有“图形用户界面”字样的关键词，动态图形用户界面的产品名称要有“动态”字样的关键词。如：“带有温控图形用户界面的冰箱”、“手机的天气预报动态图形用户界面”、“带视频点播图形用户界面的显示屏幕面板”。

不应笼统仅以“图形用户界面”名称作为产品名称，如：“软件图形用户界面”、“操作图形用户界面”。

4.4.2 外观设计图片或照片

包括图形用户界面的产品外观设计应当满足本部分第三章第 4.2 节的规

定。对于设计要点仅在于图形用户界面的，应当至少提交一幅包含该图形用户界面的显示屏幕面板的正投影视图。

如果需要清楚地显示图形用户界面设计在最终产品中的大小、位置和比例关系，需要提交图形用户界面所涉及面的一幅正投影最终产品视图。

图形用户界面为动态图案的，申请人应当至少提交一个状态的图形用户界面所涉及面的正投影视图作为主视图；其余状态可仅提交图形用户界面关键帧的视图作为变化状态图，所提交的视图应能唯一确定动态图案中动画完整的变化过程。标注变化状态图时，应根据动态变化过程的先后顺序标注。

对于用于操作投影设备的图形用户界面，除提交图形用户界面的视图之外，还应当提交至少一幅清楚显示投影设备的视图。

4.4.3 简要说明

包括图形用户界面的产品外观设计应在简要说明中清楚说明图形用户界面的用途，并与产品名称中体现的用途相对应。如果仅提交了包含该图形用户界面的显示屏幕面板的正投影视图，应当穷举该图形用户界面显示屏幕面板所应用的最终产品，例如，“该显示屏幕面板用于手机、电脑”。必要时说明图形用户界面在产品中的区域、人机交互方式以及变化过程等。

本节其他内容无修改。

四、第一部分第三章第 7.4 节的修改

将《专利审查指南》第一部分第三章第 7.4 节第（11）项修改为：

（11）游戏界面以及与人机交互无关的显示装置所显示的图案，例如，电子屏幕壁纸、开关机画面、与人机交互无关的网站网页的图文排版。

本节其他内容无修改。

五、第二部分第一章第 3.1.2 节的修改

在《专利审查指南》第二部分第一章第 3.1.2 节第 2 段之后新增一段，内容如下：

但是，如果发明创造是利用未经过体内发育的受精 14 天以内的人类胚胎分离或者获取干细胞的，则不能以“违反社会公德”为理由拒绝授予专利权。

本节其他内容无修改。

六、第二部分第四章第 3. 2. 1. 1 节的修改

将《专利审查指南》第二部分第四章第 3. 2. 1. 1 节第（2）项第 1 段第 2 句中的“然后根据该区别特征所能达到的技术效果确定发明实际解决的技术问题”修改为“然后根据该区别特征在要求保护的发明中所能达到的技术效果确定发明实际解决的技术问题”。同时，在第（2）项第 3 段最后增加一句话，内容如下：

对于功能上彼此相互支持、存在相互作用关系的技术特征，应整体上考虑所述技术特征和它们之间的关系在要求保护的发明中所达到的技术效果。

本节其他内容无修改。

七、第二部分第七章第 2 节的修改

将《专利审查指南》第二部分第七章第 2 节修改为：

2. 审查用检索资源

2. 1 专利文献资源

发明专利申请实质审查程序中应当检索专利文献，其包括：中文专利文献和外文专利文献。

审查员主要使用计算机检索系统对专利文献数据库进行检索，专利文献数据库主要包括：专利文摘数据库、专利全文数据库、专利分类数据库等。

2. 2 非专利文献资源

审查员除在专利文献中进行检索外，还应当检索非专利文献。在计算机检索系统和互联网中可获取的非专利文献主要包括：国内外科技图书、期刊、学位论文、标准/协议、索引工具及手册等。

八、第二部分第七章第 5. 3 节的修改

将《专利审查指南》第二部分第七章第 5. 3 节第 1 段修改为：

通常，审查员在申请的主题所属的技术领域中进行检索，必要时应当把检索扩展到功能类似或应用类似的技术领域。所属技术领域是根据权利要求书中限定的内容来确定的，特别是根据明确指出的那些特定的功能和用途以及相应的具体实施例来确定的。审查员确定的表示发明信息的分类号，就是申请的主题所属的技术领域。功能类似或应用类似的技术领域是根据申请文件中揭示出

的申请的主题所必须具备的本质功能或者用途来确定，而不是只根据申请的主题的名称，或者申请文件中明确指出的特定功能或者特定应用来确定。

本节其他内容无修改。

九、第二部分第七章第5.4.2节的修改

将《专利审查指南》第二部分第七章第5.4.2节第2段修改为：

在确定了基本检索要素之后，应该结合检索的技术领域的特点，确定这些基本检索要素中每个要素在计算机检索系统中的表达形式。

将《专利审查指南》第二部分第七章第5.4.2节第3段删除。

本节其他内容无修改。

十、第二部分第七章第6节的修改

将《专利审查指南》第二部分第七章第6.2节至6.3节修改为：

6.2 检索过程

审查员通常根据申请的特点，按照初步检索、常规检索和扩展检索的顺序进行检索，浏览检索结果并对新颖性和创造性进行判断，直到符合本章第8节所述的中止检索的条件。

6.2.1 初步检索

审查员应利用申请人、发明人、优先权等信息检索申请的同族申请、母案/分案申请、申请人或发明人提交的与申请的主题所属相同或相近技术领域的其他申请，还可以利用语义检索，以期快速找到可以对申请的主题的新颖性、创造性有影响的对比文件。

6.2.2 常规检索

常规检索是在申请的主题的所属技术领域进行的检索。

所属技术领域是申请的主题所在的主要技术领域，在这些领域中检索，找到密切相关的对比文件的可能性最大。因此，审查员首先应当在这些领域的专利文献中进行检索。

对申请的其他应检索的主题，应当在其所属和相关的技术领域采用类似的方法进行检索。

如果通过本节中的检索，发现确定的技术领域不正确，审查员应当重新确定技术领域，并在该技术领域中进行检索。

6.2.3 扩展检索

扩展检索是在功能类似或应用类似的技术领域进行的检索。

例如，一件申请的独立权利要求限定了一种使用硅基液压油的液压印刷机。发明使用硅基液压油，以解决运动部件的腐蚀问题。如果在液压印刷机所属的技术领域中检索不到对比文件，应当到功能类似的技术领域，如存在运动部件腐蚀问题的一般液压系统所属的领域，或者到应用类似的技术领域，如液压系统的特定应用技术领域，进行扩展检索。

6.3 检索策略

制定检索策略通常包括选择检索系统或数据库、表达基本检索要素、构建检索式和调整检索策略。

在检索过程中，审查员可以随时根据相关文献进行针对引用文献、被引用文献、发明人、申请人的追踪检索，以便找到进一步相关的文献。

6.3.1 选择检索系统或数据库

在选择检索系统/数据库时，审查员一般需要考虑如下因素：

（1）申请的主题的所属技术领域；

（2）预期要检索文件的国别和年代；

（3）检索时拟采用的检索字段和检索系统/数据库能够提供的功能；

（4）申请人、发明人的特点。

6.3.2 表达基本检索要素

基本检索要素的表达形式主要包括：分类号、关键词等。一般地，对于体现申请的主题的基本检索要素应当优先用分类号进行表达。

在用分类号表达时，通常需要根据申请的主题的特点和分类体系的特点，选择使用合适的分类体系。当选择了某一分类体系后，首先使用最准确、最下位的分类号进行检索，但如果同时存在多个非常相关的分类号，也可以一并进行检索。

在用关键词表达时，通常首先使用最基本、最准确的关键词，再逐步从形式上、意义上、角度上三个层次完善关键词的表达。形式上应充分考虑关键词表达的各种形式，如英文的不同词性、单复数词形、常见错误拼写形式等；意义上应充分考虑关键词的各种同义词、近义词、反义词、上下位概念等；角度上应充分考虑说明书中记载的所要解决的技术问题、技术效果等。

6.3.3 构建检索式

审查员可以将同一个基本检索要素的不同表达方式构造成块，结合申请的主题的特点和检索情况，运用逻辑运算符对块进行组合构建检索式。块的组合方式包括全要素组合检索、部分要素组合检索和单要素检索。

6.3.4 调整检索策略

审查员一般需要根据检索结果以及对新颖性和创造性评价的预期方向调整检索策略。

（1）调整基本检索要素的选择

审查员需要根据掌握的现有技术和对发明的进一步理解，改变、增加或减少基本检索要素。

（2）调整检索系统/数据库

当审查员在某一检索系统/数据库中没有获得对比文件时，需要根据可以使用的检索字段和功能，以及预期对比文件的特点重新选择检索系统/数据库。

（3）调整基本检索要素的表达

审查员需要根据检索结果随时调整基本检索要素的表达，例如，调整分类号的表达时，通常首先使用最准确的下位组，再逐步调整到上位组，直至大组，甚至小类，也可以根据检索结果，或者利用分类表内部或之间的关联性发现新的适合的分类号；调整关键词的表达时，通常首先使用最基本、最准确的关键词，再逐步在形式、意义和角度三个层次调整表达。

本节其他内容无修改。

十一、第二部分第七章第8.1节的修改

在《专利审查指南》第二部分第七章第8.1节最后增加一段，内容如下：

在这一原则下，审查员在没有获得对比文件而决定中止检索时，应当至少在最低限度数据库内进行了检索。最低限度数据库一般情况下应当包括中国专利文摘类数据库、中国专利全文类数据库、外文专利文摘类数据库、英文专利全文类数据库以及中国期刊全文数据库。对于一些特定领域的申请，还应当包括该领域专用数据库（例如，化学结构数据库）。必要时可根据领域特点，调整英文全文数据库的范围，或增加其他非专利文献数据库，如标准/协议等。

本节其他内容无修改。

十二、第二部分第七章第10节的修改

在《专利审查指南》第二部分第七章第10节最后增加一段，内容如下：

需要注意的是，对于申请的全部主题是否属于上述情形，必要时审查员仍需通过恰当方式了解相关背景技术，以站位于本领域的技术人员做出判断。

本节其他内容无修改。

十三、第二部分第七章第12节的修改

将《专利审查指南》第二部分第七章第12节第1段修改为：

检索报告用于记载检索的结果，特别是记载构成相关现有技术的文件，以及与检索过程有关的检索记录信息。检索报告采用专利局规定的表格。审查员应当在检索报告中清楚地记载检索到最接近的现有技术的主要检索式，包括检索的数据库以及在该数据库中执行的检索表达式（包括基本检索要素表达形式和逻辑运算符），准确列出由检索获得的对比文件以及对比文件与申请主题的相关程度，并且应当按照检索报告表格的要求完整地填写其他各项。

本节其他内容无修改。

十四、第二部分第八章第3.4节的修改

删除《专利审查指南》第二部分第八章第3.4节的内容。

十五、第二部分第八章第4.2节的修改

将《专利审查指南》第二部分第八章第4.2节修改为：

审查员在开始实质审查后，首先要仔细阅读申请文件，并充分了解背景技术整体状况，力求准确地理解发明。重点在于了解发明所要解决的技术问题，理解解决所述技术问题的技术方案和该技术方案所能带来的技术效果，并且明确该技术方案的全部必要技术特征，特别是其中区别于背景技术的特征，进而明确发明相对于背景技术所作出的改进。审查员在阅读和理解发明时，可以作必要的记录，便于进一步审查。

十六、第二部分第八章第4.10.2.2节的修改

将《专利审查指南》第二部分第八章第4.10.2.2节第（4）项最后1段

修改为:

审查员在审查意见通知书中引用的本领域的公知常识应当是确凿的，如果申请人对审查员引用的公知常识提出异议，审查员应当能够提供相应的证据予以证明或说明理由。在审查意见通知书中，审查员将权利要求中对技术问题的解决作出贡献的技术特征认定为公知常识时，通常应当提供证据予以证明。

本节其他内容无修改。

十七、第二部分第八章第 4. 11. 1 节的修改

将《专利审查指南》第二部分第八章第 4. 11. 1 节第（1）项修改为:

（1）申请人根据审查员的意见，对申请作了修改，消除了可能导致被驳回的缺陷，使修改后的申请有可能被授予专利权的，如果申请仍存在某些缺陷，则审查员应当再次通知申请人消除这些缺陷，必要时，还可以通过与申请人会晤、电话讨论及其他方式（参见本章第 4. 12 和第 4. 13 节）加速审查。但是，除审查员对明显错误进行依职权修改（参见本章第 5. 2. 4. 2 和第 6. 2. 2 节）的情况外，不论采用什么方式提出修改意见，都必须以申请人正式提交的书面修改文件为依据。

本节其他内容无修改。

十八、第二部分第八章第 4. 12 节的修改

将《专利审查指南》第二部分第八章第 4. 12 节第 1 段修改为:

在实质审查过程中，审查员可以约请申请人会晤，以加快审查程序。申请人亦可以要求会晤，此时，只要通过会晤能达到有益的目的，有利于澄清问题、消除分歧、促进理解，审查员就应当同意申请人提出的会晤要求。某些情况下，审查员可以拒绝会晤要求，例如，通过书面方式、电话讨论等，双方意见已经表达充分、相关事实认定清楚的。

将《专利审查指南》第二部分第八章第 4. 12. 1 节的标题由“举行会晤的启动条件”修改为“会晤的启动”，并删除该节中的以下内容:

举行会晤的条件是:

（1）审查员已发出第一次审查意见通知书；并且

（2）申请人在答复审查意见通知书的同时或者之后提出了会晤要求，或者审查员根据案情的需要向申请人发出了约请。

本节其他内容无修改。

十九、第二部分第八章第 4.13 节的修改

将《专利审查指南》第二部分第八章第 4.13 节修改为：

4.13 电话讨论及其他方式

在实质审查过程中，审查员与申请人可以就发明和现有技术的理解、申请文件中存在的问题等进行电话讨论，也可以通过视频会议、电子邮件等其他方式与申请人进行讨论。必要时，审查员应当记录讨论的内容，并将其存入申请案卷。

对于讨论中审查员同意的修改内容，属于本章第 5.2.4.2 节和第 6.2.2 节所述的情况的，审查员可以对这些明显错误依职权进行修改。除审查员可依职权修改的内容以外，对审查员同意的修改内容均需要申请人正式提交经过该修改的书面文件，审查员应当根据该书面修改文件作出审查结论。

二十、第二部分第十章第 9.1.1 节的修改

删除《专利审查指南》第二部分第十章第 9.1.1.1 节。

将第 9.1.1.2 节修改第 9.1.1.1 节，并在段尾增加一句话，内容如下：

人类胚胎干细胞不属于处于各个形成和发育阶段的人体。

将第 9.1.1.3 节修改为第 9.1.1.2 节。

本节其他内容无修改。

二十一、第四部分第三章第 3.3 节的修改

将《专利审查指南》第四部分第三章第 3.3 节第（5）项中的第 4 句话“如果是结合对比，存在两种或者两种以上结合方式的，应当指明具体结合方式。”修改为“如果是结合对比，存在两种或者两种以上结合方式的，应当首先将最主要的结合方式进行比较分析。未明确最主要结合方式的，则默认第一组对比文件的结合方式为最主要结合方式。”

本节其他内容无修改。

二十二、第五部分第二章第 7 节的修改

将《专利审查指南》第五部分第二章第 7 节第 1 段中“可以在汇款当日

通过传真或者电子邮件的方式补充。补充完整缴费信息的，以汇款日为缴费日。”修改为“应当在汇款当日通过专利局规定的方式及要求补充。”并删除第2段内容。

本节其他内容无修改。

二十三、第五部分第七章的修改

将《专利审查指南》第五部分第七章标题“期限、权利的恢复、中止”修改为“期限、权利的恢复、中止、审查的顺序”。

在《专利审查指南》第五部分第七章中增加第8节，内容如下：

8. 审查的顺序

8.1 一般原则

对于发明、实用新型和外观设计专利申请，一般应当按照申请提交的先后顺序启动初步审查；对于发明专利申请，在符合启动实审程序的其他条件前提下，一般应当按照提交实质审查请求书并缴纳实质审查费的先后顺序启动实质审查；另有规定的除外。

8.2 优先审查

对涉及国家、地方政府重点发展或鼓励的产业，对国家利益或者公共利益具有重大意义的申请，或者在市场活动中具有一定需求的申请等，由申请人提出请求，经批准后，可以优先审查，并在随后的审查过程中予以优先处理。按照规定由其他相关主体提出优先审查请求的，依照规定处理。适用优先审查的具体情形由《专利优先审查管理办法》规定。

但是，同一申请人同日（仅指申请日）对同样的发明创造既申请实用新型又申请发明的，对于其中的发明专利申请一般不予优先审查。

8.3 延迟审查

申请人可以对发明和外观设计专利申请提出延迟审查请求。发明专利延迟审查请求，应当由申请人在提出实质审查请求的同时提出，但发明专利申请延迟审查请求自实质审查请求生效之日起生效；外观设计延迟审查请求，应当由申请人在提交外观设计申请的同时提出。延迟期限为自提出延迟审查请求生效之日起1年、2年或3年。延迟期限届满后，该申请将按顺序待审。必要时，专利局可以自行启动审查程序并通知申请人，申请人请求的延迟审查期限终止。

8.4 专利局自行启动

对于专利局自行启动实质审查的专利申请，可以优先处理。

本章其他内容无修改。

本决定自2019年11月1日起施行。

国家知识产权局

关于商标电子申请的规定

（2019年8月27日国家知识产权局公告第323号发布
自2019年9月1日起施行）

第一条 为规范商标电子申请行为，根据《中华人民共和国商标法》及《中华人民共和国商标法实施条例》，制定本规定。

第二条 本规定适用于在国家知识产权局商标网上服务系统开通的各类商标电子申请业务。

第三条 本规定所称商标电子申请是指当事人将商标申请文件以符合规定的电子文件形式通过商标网上服务系统向国家知识产权局提出的商标申请。

商标文件电子送达是指国家知识产权局通过商标网上服务系统以电子文件形式向当事人送达商标文件。

第四条 当事人提交商标电子申请或者接受商标文件电子送达的，应当依照本规定与国家知识产权局签订《商标网上服务系统用户使用协议》（以下简称用户协议），通过商标网上服务系统进行用户注册，按要求填写的用户信息应当真实有效。

第五条 当事人可以自行办理商标电子申请事宜，也可以委托依法设立的商标代理机构办理。

委托商标代理机构办理的，代理机构应当与国家知识产权局签订用户协议。

未委托商标代理机构办理共同申请注册同一商标或者办理其他共有商标事宜的，由商标法实施条例第十六条所述的代表人提交商标电子申请。

第六条 提交商标电子申请文件或者材料的，应当遵守规定的文件格式、数据标准、操作规范和传输方式。

第七条 提交商标电子申请文件或者材料的日期以国家知识产权局商标网上服务系统收到商标电子申请文件或材料的时间为准，商标网上服务系统未能正常接收的，视为未提交。

第八条 提交商标电子申请文件或者材料的内容以国家知识产权局档案、数据库记录为准，但是当事人确有证据证明记录有错误的除外。

第九条 当事人提交商标电子申请后，国家知识产权局不再接受以纸件形式提交的与本次申请相关的后续材料，但是必要时，可以要求当事人在指定期限内提交对应的纸件材料、实物证据等。

第十条 国家知识产权局电子送达商标文件的日期，以文件发出之日起满15日视为送达当事人。

第十一条 对于国家知识产权局电子送达的商标文件，当事人应当及时登录国家知识产权局商标网上服务系统查看；未登录或者未查看的，不属于商标法实施条例第十条规定的无法送达的情形，不再通过公告方式送达。

第十二条 商标法及其实施条例中关于商标申请和商标文件的所有规定，除专门针对以纸件形式提交的商标申请和商标文件的规定之外，均适用于商标电子申请。

第十三条 本规定自2019年9月1日起施行。

[地方司法文件与解读]

上海市高级人民法院

关于审理融资租赁物权属争议案件的指导意见（试行）

（2019 年 8 月 21 日）

为更好地维护融资租赁交易安全，平等保护融资租赁交易当事人和第三人的合法权益，统一融资租赁物权属争议案件的法律适用，根据《中华人民共和国合同法》《中华人民共和国物权法》《最高人民法院关于审理融资租赁合同纠纷案件适用法律问题的解释》，参照上海市地方金融监督管理局、中国人民银行上海分行、中国银保监会上海监管局联合下发的《关于做好本市融资租赁行业登记和查询工作的意见》的相关规定，结合本市审判实践，制定本指导意见。

一、本市金融租赁公司、外商投资融资租赁公司、内资融资租赁试点企业作为出租人（以下简称出租人），应当在中国人民银行征信中心（以下简称征信中心）的动产融资统一登记公示系统中对融资租赁合同中载明的租赁物权属状况予以登记。

未依照规定办理登记公示，且不存在《最高人民法院关于审理融资租赁合同纠纷案件适用法律问题的解释》第九条规定的其余例外情形的，出租人对租赁物的所有权不得对抗善意第三人。

二、本市各银行、金融资产管理公司、信托公司、财务公司、汽车金融公司、消费金融公司、金融租赁公司、外商投资融资租赁公司、内资融资租赁试点企业、典当行、小额贷款公司、融资性担保公司、商业保理公司等作为第三人（以下简称第三人）在办理资产抵押、质押或受让等业务时，应当登录征信中心的动产融资统一登记公示系统查询相关标的物的权属状况。

未依照规定进行查询的，出租人对租赁物主张权利时，上述第三人以不知标的物是租赁物为由进行抗辩的，应推定该第三人在办理租赁物抵押、质押或受让租赁物时，未尽到审慎注意义务，不构成善意。

三、本意见在本市辖区范围内试行。

本意见施行前已经审理终结的案件不得依据本意见提起再审。

本意见自下发之日起施行。

关于制定《上海市高级人民法院关于审理融资租赁物权属争议案件的指导意见（试行）》的说明

《上海市高级人民法院关于审理融资租赁物权属争议案件的指导意见（试行）》（以下简称《指导意见》）已制定发布，为配合《指导意见》理解与实施，现对相关问题作如下说明。

一、制定《指导意见》的背景和依据

1. 制定《指导意见》是完善配套政策，优化营商环境的需要

融资租赁交易关系中，出租人享有租赁物的所有权，承租人在租赁期间对租赁物进行占有和使用。租赁物的所有权与占有相分离，极易造成承租人是租赁物所有人的假象，给承租人非法处置租赁物提供了便利，第三人依善意取得规则获得租赁物物权，使得出租人的权利得不到有效保护，作为出租人的融资租赁公司承担着巨大的交易风险，影响了上海的营商环境。

为有效解决上述问题，弥补以占有为物权公示方法的不足，迫切需要建立

融资租赁登记及查询制度以公示各方当事人的权利状况，规范租赁物的处分行为。《国务院办公厅关于加快融资租赁业发展的指导意见》《国务院办公厅关于促进金融租赁行业健康发展的指导意见》亦明确要求逐步完善融资租赁行业法律法规，研究建立具有法律效力的融资租赁登记制度。《意见》的下发，有助于本市融资租赁公司及其他金融机构了解租赁物的权属状况，预防交易风险。在此背景下，上海高院出台《指导意见》，发挥租赁物登记的风险防范作用，不仅是对本市融资租赁业登记和查询工作在司法上的配套支持，也有利于上海营商环境的优化与改善。

2. 制定《指导意见》是服务审判实践，统一裁判标准的需要

近年来，全市法院受理的融资租赁合同纠纷案件大幅上升，2018 年共受理一审融资租赁合同纠纷案件 5126 件，同比上升 21%。融资租赁案件数量、涉案标的额，均位居金融商事案件第三位。其中承租人私自转让租赁物或在租赁物上设立他物权，导致第三人的物权与出租人所有权冲突的案件时有发生，如何判断是否构成善意取得成为难点。

为此，出台《指导意见》，明确在有效平台上登记公示的租赁物具有对抗效力，承租人未经出租人同意擅自将租赁物处置给第三人，第三人未到有效平台查询即与承租人交易的，将不构成善意取得。这不仅可以规范租赁物的交易行为，避免交易风险，维护交易安全，切实保护出租人的利益，同时也是统一裁判标准的需要。

3. 制定《指导意见》是完善交易机制，健全法律体系的需要

合同法设专章对融资租赁合同进行了规定，但该法对承租人或者租赁物的实际使用人未经出租人同意转让租赁物或者在租赁物上设立其他物权的效力未作规定。

《最高人民法院关于审理融资租赁合同纠纷案件适用法律问题的解释》第九条从第三人与承租人交易时是否按照法律、行政法规、行业或者地区主管部门规定的要求在相应机构进行融资租赁交易查询的角度，认定第三人是否构成善意。民法典合同编（草案）第五百三十六条也规定：出租人对租赁物享有的所有权，未经登记，不得对抗善意第三人。上海高院出台《指导意见》，对征信中心的融资租赁登记予以认可，不仅是对各方合理需求的及时回应，也是弥补现行规定的不足，加强租赁物物权保护，促进整个融资租赁行业健康发展的有力举措。

二、《指导意见》的制定过程

《指导意见》制定过程中，上海高院听取了上海市地方金融监督管理局、中国人民银行上海分行、中国银行保险监督管理委员会上海监管局等金融监管机构、部分融资租赁企业以及其他融资租赁参与方的意见和建议，同时也组织全市三级法院相关审判业务条线法官进行了讨论。《指导意见》经上海高院审判委员会讨论通过。

三、《指导意见》的主要内容

1. 明确租赁物登记义务及相关效力

通过判断第三人受让权利是否善意来遏制承租人恶意处分租赁物是一种有效的方法，而判断的核心是第三人对标的物是租赁物是否知道或者应当知道。为达到这个效果，首先应明确一个租赁物登记平台，为交易主体能够知道租赁物权属状况创造条件。《指导意见》规定中国人民银行征信中心的动产融资统一登记公示系统是出租人登记租赁物权属的平台，同时规定出租人具有登记义务，未按规定办理登记的，除有例外情形，出租人对租赁物的所有权不得对抗善意第三人。

2. 明确第三人查询义务及相关效力

融资租赁登记制度的建立对于市场交易的主要影响在于：拟就租赁物从事交易的相对人，仅依租赁物占有的权利外观，与承租人进行交易，其信赖利益无法依善意取得制度得到保护。基于此，是否查询融资租赁登记系统就成了交易相对人主观上是否构成善意的判断标准。故要使上述租赁物登记产生法律效力，还须明确交易主体在受让动产所有权或接受抵押权、质权等权利时，知道自己有查询权属状况的注意义务。《指导意见》规定第三人在办理资产抵押、质押或者受让等业务时，应当登录动产融资统一登记公示系统进行查询，未依照规定进行查询的，应推定其未尽到审慎注意义务，因而不构成善意第三人。

3. 明确《指导意见》实施范围和效力

《指导意见》明确只在本市辖区范围内施行，并就已经审结的案件的处理作了相应规定。

关于非本市的融资租赁企业在本市从事融资租赁业务或非本市金融机构作为第三人与本市融资租赁企业交易中，是否具有登记与查询义务问题，此次

《意见》没有涉及，对于相关交易的效力认定，法院仍将根据有关法律、司法解释以及中国人民银行、银保监会、商务部等出台的相关规定进行审查处理。

江苏省高级人民法院民事审判第一庭

关于印发《家事纠纷案件审理指南（婚姻家庭部分）》的通知

2019 年 7 月 18 日　　　　　　苏高法电〔2019〕474 号

各市中级人民法院、各基层人民法院负责家事纠纷案件民事审判工作的业务庭、各人民法庭：

为妥善审理好家事纠纷案件，统一全省执法尺度，省法院民一庭经过深入调研，并广泛征求意见，形成了《家事纠纷案件审理指南（婚姻家庭部分）》，现予印发，供全省法院参考。在审判中遇到新情况、新问题，请及时报送省法院民一庭。

特此通知。

家事纠纷案件审理指南（婚姻家庭部分）

为妥善审理好家事纠纷案件，统一全省执法尺度，依照《中华人民共和国婚姻法》（以下简称《婚姻法》）《中华人民共和国民事诉讼法》（以下简称《民事诉讼法》）《最高人民法院关于适用〈中华人民共和国婚姻法〉若干问题的解释（一）》（以下简称《婚姻法解释一》）《最高人民法院关于适用〈中华人民共和国婚姻法〉若干问题的解释（二）》（以下简称《婚姻法解释二》）《最高人民法院关于适用〈中华人民共和国婚姻法〉若干问题的解释（三）》（以下简称《婚姻法解释三》）《最高人民法院关于适用〈中华人民共和国民事诉讼法〉的解释》（以下简称《民诉法解释》）等法律、司法解释的规定及精神，并结合司法实践，制定本指南，供全省法院参考。

一、程序问题

1. 家事纠纷案件如何确定级别管辖？

第一审婚姻、继承等家事纠纷案件（包括涉外、涉港澳台），一般由基层人民法院管辖。对重大疑难、新类型和在适用法律上有普遍意义的案件，可以依照《民事诉讼法》第三十八条的规定，由上级人民法院自行决定由其审理或者根据下级人民法院报请决定由其审理。

2. 涉及不动产的婚姻家庭纠纷案件是否适用不动产专属管辖？

婚约财产纠纷、离婚后财产纠纷、夫妻财产约定纠纷、同居关系析产纠纷、分家析产纠纷等属于婚姻家庭纠纷，按照一般地域管辖原则确定管辖法院，不适用不动产专属管辖，但法律、行政法规、司法解释另有规定的除外。

3. 离婚案件原告或者上诉人本人未出庭参加诉讼，能否按撤诉或者按撤回上诉处理？

依照《民事诉讼法》第六十二条的规定，离婚案件当事人除不能表达意思的以外，应当亲自出庭参加诉讼。离婚案件原告或者上诉人本人如果因生理疾病、年迈体弱、交通不便、自然灾害等特殊情况无法出庭的，必须向人民法院提交书面意见，并委托诉讼代理人参加诉讼。在已向人民法院提交书面意见，并委托诉讼代理人参加诉讼的情形下，人民法院不能仅因为原告或者上诉人本人未出庭参加诉讼即按撤诉或者按撤回上诉处理。但原告或者上诉人本人未出庭参加诉讼导致案件事实无法查清的，应当承担由此产生的不利法律后果。

4. 对于起诉时被告下落不明的离婚案件应当如何处理？

对于起诉时被告下落不明的离婚案件，人民法院应当慎重处理，最大限度地保障被告的合法权益。在按照原告提供的被告地址无法送达时，应当要求其补充提供被告的其他地址或者被告近亲属的地址以及联系方式，向被告近亲属了解被告下落并制作笔录，加强调查走访，必要时可以要求原告提供公安机关或者其他有关单位出具的证明被告下落不明的书面证明材料。对于穷尽送达手段被告确实下落不明的，可以依照《民诉法解释》第二百一十七条的规定，公告送达诉讼文书并缺席判决。

对于起诉时被告下落不明的离婚案件，人民法院可以依照《民诉法解释》

第一百一十条的规定，要求原告本人到庭签署保证书。保证书应当载明据实提供被告地址，如有虚假愿意接受处罚等内容。事后经查证确属提供虚假地址的，按妨害民事诉讼处理。

5. 对于已经发生法律效力的不准予离婚的判决能否申请再审？

对于已经发生法律效力的不准予离婚的判决，当事人申请再审的，应予受理。

6. 事实婚姻经调解不能和好的，能否判决准予离婚？

事实婚姻经调解不能和好的，应当依照《最高人民法院关于人民法院审理未办结婚登记而以夫妻名义同居生活案件的若干意见》第6条的规定，调解或者判决准予离婚。

7. 无效婚姻能否按撤诉处理？婚姻被宣告无效或者被撤销之前又与他人结婚的，是否构成重婚？以重婚为由申请宣告婚姻无效，如果申请时重婚情形已经消失的，应当如何处理？

为体现国家强制力对无效婚姻的干预和制裁，无效婚姻经查证属实的，即使原告经传票传唤无正当理由拒不到庭或者中途退庭，也不能按撤诉处理，应当依法作出宣告婚姻无效的判决。

依照《婚姻法解释一》第十三条的规定，无效或者可撤销婚姻只有在依法被宣告无效或者被撤销时才自始不受法律保护。因此，婚姻被宣告无效或者被撤销之前又与他人结婚的，构成重婚。

以重婚为由申请宣告婚姻无效，申请时即使当事人已经办理了合法婚姻的离婚登记手续或者合法婚姻配偶一方已经死亡等导致重婚情形已经消失的，亦应予以支持。

二、同居问题

8. 双方未办理结婚登记手续，但已共同生活，彩礼应否返还？双方已办理结婚登记手续，但共同生活时间较短，离婚时彩礼应否返还？

《婚姻法解释二》第十条第一款第一项规定的“双方未办理结婚登记手续的”并非针对双方已共同生活的情形。如果双方未办理结婚登记手续，但已共同生活，当事人主张返还彩礼的，可以根据未办理结婚登记手续的原因、双方共同生活的时间、彩礼的数额、有无生育子女、财产使用情况、双方经济状况等酌定是否返还以及返还的数额。

双方已办理结婚登记手续，但共同生活时间较短，离婚时当事人主张返还彩礼的，可以根据离婚的过错、双方共同生活的时间、彩礼的数额、有无生育子女、财产使用情况、双方经济状况等酌定是否返还以及返还的数额。

9. 同居期间形成的财产应当如何分割？

同居关系不同于合法婚姻关系，对于同居期间一方的工资、奖金、生产经营收益以及因继承、赠与等途径所得的合法收入，原则上归本人所有。双方在同居期间有共同购置的财产或者共同经营所得的收入，如果查明属于按份共有，按照各自的出资额比例分享权利；如果查明属于共同共有，则对共有财产共同享有权利；如果无法查明是按份共有还是共同共有，视为按份共有，不能确定出资额比例的，视为等额享有。

对于被宣告无效或者被撤销的婚姻，当事人同居期间所得的财产，按共同共有处理，但有证据证明为当事人一方所有或者按份共有的除外。

10. 因恋爱、同居产生的情感债务应当如何处理？婚外情所涉赠与应当如何处理？赠与行为的效力应当如何认定？赠与财物应当如何返还？

一方以恋爱、同居为由主张另一方支付“青春损失费”“分手费”的，不予支持。但女方在恋爱、同居期间因怀孕中止妊娠主张男方分担医疗费、营养费等合理费用的，可以支持。

有配偶者赠与或者约定赠与第三者财物，赠与后反悔主张返还或者第三者主张履行赠与的，不予支持。但配偶一方以赠与夫妻共同财产的行为侵犯其夫妻共同财产权为由主张返还的，可以支持。

配偶一方主张赠与行为无效并主张返还赠与财物的，应当认定赠与行为全部无效而非部分无效，赠与财物应当全部返还。

赠与行为被认定无效后返还的赠与财物应为赠与当时的标的物，如果赠与的是房屋、车辆等实物，应当返还实物。如果实物因灭失、转让等原因导致无法返还的，可以参照实物灭失、转让时的市场价格或者转让对价折价补偿。

三、抚养、赡养问题

11. 亲子鉴定应当如何启动？兄弟姐妹之间能否适用《婚姻法解释三》第二条规定的亲子关系推定原则？提起亲子关系否认之诉的权利人范围应当如何界定？

亲子鉴定的启动应当慎重，无论是请求确认亲子关系或者否认亲子关系都要承担相应的举证责任。对当事人提供的证据，人民法院经审查并结合相关事实，认为进行亲子鉴定确有必要的，可以根据当事人申请启动亲子鉴定。当事人仅凭怀疑或者猜测申请亲子鉴定的，不予准许。但另一方当事人同意鉴定的，可以准许。

《婚姻法解释三》第二条规定的亲子关系推定原则仅适用于父母子女之间。当事人要求与同父（母）异母（父）的兄弟姐妹进行血缘关系鉴定确认亲子关系，并主张适用《婚姻法解释三》第二条的亲子关系推定原则的，不予支持。

认定亲子关系应当以真实血缘关系为基础并兼顾亲子关系的安定性。因此，应当限缩提起亲子关系否认之诉的权利人范围。依照《婚姻法解释三》第二条第一款的规定，提起亲子关系否认之诉的权利人是夫妻一方。其他亲属和成年子女提起亲子关系否认之诉的，一般不予支持。

12.《中华人民共和国收养法》施行后，离婚时对于未办理收养登记的未成年人应当如何处理抚养问题？

《中华人民共和国收养法》施行后，收养应当向县级以上人民政府民政部门登记，否则收养关系不成立。对于未办理登记导致收养关系不成立的，离婚时夫妻双方与未成年人之间不适用《婚姻法》关于父母子女关系的规定。

离婚时对于符合收养条件的，夫妻双方应当补办收养登记，人民法院再依照《婚姻法》关于父母子女关系的规定处理未成年人抚养问题。无法补办收养登记的，如果夫妻一方或者双方均愿意抚养未成年人，对于个人符合收养条件的，由该方补办收养登记，人民法院可以判决收养方抚养未成年人，对于未成年人的抚养费由收养方自行承担，但可以根据收养方的主张结合未成年人的实际需要、夫妻双方的负担能力、离婚时共同财产分割情况、当地的实际生活水平等酌情判令夫妻另一方给予经济帮助。如果夫妻双方均不符合收养条件或者愿意抚养的夫妻一方不符合收养条件或者夫妻双方均不愿意继续抚养未成年人的，人民法院可以依照《中华人民共和国民法总则》的相关规定待未成年人确定监护人后，再处理离婚案件。

13.如何认定继父母子女之间形成抚养教育关系？继父母子女关系能否解除？

认定继父母子女之间是否形成抚养教育关系，可以通过审查再婚时继子女是否已经成年、双方共同生活的时间长短、是否实际接受生活上的照顾抚育、家庭身份融合程度等予以综合判断。

对于已经形成抚养教育关系的继父母子女，因生父（母）与继母（父）离婚导致再婚关系终止的，如果继父母不同意继续抚养未成年继子女的，继父母子女关系可以解除，该子女应当由生父母抚养。

对于已经形成抚养教育关系的继父母子女，因生父（母）死亡导致再婚关系终止的，在继子女未成年的情形下一般不允许解除继父母子女关系。如果生父母中的另一方愿意将未成年子女领回，继父母同意的，继父母子女关系可以解除。继子女八周岁以上的，应当征得本人同意。

对于已经形成抚养教育关系的继子女成年后，继父母子女关系一般不允许解除。如果双方经协商一致或者双方关系恶化导致继父母或者继子女主张解除继父母子女关系的，可以解除。但继父母子女关系解除后，对于缺乏劳动能力或者生活困难的继父母，成年的继子女应当给付一定的生活费用。

对于未形成抚养教育关系的继父母子女，一方起诉主张解除继父母子女关系的，裁定不予受理，已经受理的，裁定驳回起诉。

14. 在构成欺诈性抚养的情形下，男方能否主张返还给付的抚养费并赔偿精神损害抚慰金？抚养费和精神损害抚慰金的数额应当如何确定？赔偿义务主体应当如何确定？

女方隐瞒子女与男方无亲子关系的事实，使男方实际履行了抚养义务，构成欺诈性抚养侵权行为，离婚时或者离婚后男方主张返还给付的抚养费并赔偿精神损害抚慰金的，可以支持。

在确定抚养费返还数额时，男方应当对抚养费给付情况承担举证责任。确实无法举证证明的，可以参照《最高人民法院关于人民法院审理离婚案件处理子女抚养问题的若干具体意见》第7条的规定，根据子女的实际需要、男女双方的负担能力、婚姻关系存续期间双方的经济收入、离婚时共同财产分割情况、当地的实际生活水平等酌情判定。

精神损害抚慰金的赔偿数额可以依照《最高人民法院关于确定民事侵权精神损害赔偿责任若干问题的解释》第十条的规定确定。

欺诈性抚养的赔偿义务主体应当是欺诈行为的实施主体。男方起诉子女承担欺诈性抚养赔偿责任的，不予支持。子女的生父与女方通谋欺骗男方的，应当承担连带赔偿责任。男方仅起诉女方承担赔偿责任的，可以不追加子女的生父为共同被告。

15. 主张给付抚养费的权利主体应当如何确定？婚姻关系存续期间主张给付抚养费的范围应当如何确定？主张给付抚养费是否适用诉讼时效？

主张给付抚养费的权利属于未成年子女或者不能独立生活的成年子女。能够独立生活的成年子女主张父母给付其未成年期间应当负担的抚养费的，不予支持。

夫妻双方均负有抚养未成年子女或者不能独立生活的成年子女的法定义务，不存在谁代谁抚养的问题，夫妻一方起诉另一方返还代为给付的抚养费的，一般不予支持。

未成年子女或者不能独立生活的成年子女的祖父母、外祖父母、兄、姐或者其他人如果代替有抚养能力而未尽抚养义务的夫妻一方或者双方尽了抚养义务，主张夫妻一方或者双方返还代为给付的抚养费的，应予支持。

婚姻关系存续期间主张给付抚养费的范围一般为当期费用和已经发生的费用，对于尚未发生的费用，可以待实际发生后另行主张权利。

依照《中华人民共和国民法总则》第一百九十六条的规定，主张给付抚养费的请求权不适用诉讼时效。

16. 离婚时夫妻双方约定或者直接抚养子女一方承诺不要求另一方负担子女抚养费，事后直接抚养子女一方能否以子女名义起诉主张另一方给付抚养费？

离婚时夫妻双方约定或者直接抚养子女一方承诺不要求另一方负担子女抚养费，事后直接抚养子女一方又以子女名义起诉主张另一方给付抚养费的，一般不予支持。但具有直接抚养子女一方经济状况不足以维持子女当地实际生活水平或者子女生活、教育、医疗等必要合理费用确有显著增加等正当情形的，依照《婚姻法》第三十七条第二款、《最高人民法院关于人民法院审理离婚案件处理子女抚养问题的若干具体意见》第18条的规定，可以判决另一方给付抚养费。

17. 祖父母、外祖父母主张隔代探望权应当如何处理？

探望权的行使主体是不直接抚养子女的父母一方，义务主体是直接抚养子女的父母一方。祖父母、外祖父母主张探望孙子女、外孙子女的，一般不予支持。但祖父母、外祖父母对未成年孙子女、外孙子女尽了抚养义务，其主张探望孙子女、外孙子女的，可以支持。

18. 离婚后子女能否主张不直接抚养的父母一方进行探望？

离婚后父母对于子女仍有抚养和教育的权利和义务。离婚后子女主张不直接抚养的父母一方进行探望的，应予支持。

19. 离婚案件中应否对探望权问题一并处理？对探望权的裁判应当如何表述？

离婚案件中当事人未主张探望权的，为减少当事人讼累，可以向当事人释明，告知当事人就探望权问题提出诉讼请求。当事人不提出诉讼请求的，基于不告不理的原则，探望权问题在离婚案件中不予处理。对探望权的裁判应当明确探望权的行使时间、期限、方式、地点。

20. 人民法院已经就探望权行使时间、期限等依法作出生效裁判后，当事人就探望权问题能否再次起诉？

人民法院已经就探望权行使时间、期限等依法作出生效裁判后，如果当事人对探望权行使时间、期限等产生新的需求，属于新的事实和理由，不受既判力的约束，当事人就探望权问题再次起诉的，应予受理。但对当事人诉讼请求的合理性应当依法审查，据以决定是否支持当事人的诉讼请求。

21. 父母能否主张子女履行精神赡养义务？

赡养包括经济上供养、生活上照料和精神上慰藉。父母主张子女履行探望等精神赡养义务的，应予支持。

22. 父母与子女约定免除或者以子女放弃家庭共有财产、继承等为条件免除子女赡养义务的，事后能否主张子女履行赡养义务？

子女对父母有赡养扶助的法定义务。父母与子女约定免除子女赡养义务的，该约定无效，事后父母主张子女履行赡养义务的，应予支持。约定以子女放弃家庭共有财产、继承等为条件免除子女赡养义务的，如果协议已履行，可以酌情减轻子女给付赡养费的义务。

23. 父母未履行抚养义务，子女能否主张免除赡养义务？

父母因经济能力限制或者其他客观原因未履行抚养义务，子女主张免除赡养义务的，不予支持。但父母存在有抚养能力而拒不履行抚养义务或者对子女实施虐待、遗弃、故意杀害等行为，情节严重的，可以酌情减轻子女的赡养义务，构成犯罪的，可以免除子女的赡养义务。

四、离婚财产问题

24. 夫妻双方订立忠诚协议约定如果夫妻一方违反忠诚义务将赔偿夫妻另

一方违约金或者精神损害抚慰金，夫妻一方起诉主张确认忠诚协议的效力或者以夫妻另一方违反忠诚协议为由主张其承担责任的，应当如何处理？

夫妻忠诚协议是夫妻双方在结婚前后，为保证双方在婚姻关系存续期间不违反夫妻忠诚义务而以书面形式约定违约金或者赔偿金责任的协议。

夫妻是否忠诚属于情感道德领域的范畴，夫妻双方订立的忠诚协议应当自觉履行。夫妻一方起诉主张确认忠诚协议的效力或者以夫妻另一方违反忠诚协议为由主张其承担责任的，裁定不予受理，已经受理的，裁定驳回起诉。

25. 夫妻双方订立如果夫妻一方发生婚外情、实施家庭暴力、赌博等行为，离婚时放弃财产的协议，离婚时能否作为裁判的依据？

夫妻双方订立如果夫妻一方发生婚外情、实施家庭暴力、赌博等行为，离婚时放弃财产的协议，不属于夫妻财产约定。离婚时无过错的夫妻一方以夫妻财产约定为由主张据此分割财产的，不予支持。但在分割财产时，应当综合考虑当事人过错情况等对无过错的夫妻一方酌情予以照顾，以平衡双方利益。

26. 夫妻双方在离婚协议中约定违约金，离婚后夫妻一方以夫妻另一方未履行离婚协议为由主张按照离婚协议约定支付违约金的，应当如何处理？

离婚协议属于有关身份关系的协议，不属于普通民商事合同。离婚后夫妻一方以夫妻另一方未履行离婚协议为由主张按照离婚协议约定支付违约金的，不予支持。

27. 夫妻双方依照《婚姻法》第十九条第一款订立的夫妻财产制契约的效力应当如何认定？能否对抗债权人申请执行？

夫妻双方依照《婚姻法》第十九条第一款订立的夫妻财产制契约对夫妻双方均具有法律约束力。当夫妻双方对不动产物权产生争议时，应当尊重夫妻之间的真实意思表示，按照双方订立的夫妻财产制契约履行，优先保护不动产物权的真实权利人，不宜以所有权登记作为确认不动产物权的唯一依据。但未办理转移登记不能对抗善意第三人。

在不动产物权未办理转移登记的情形下，被执行人配偶依据夫妻财产制契约提出执行异议，请求排除执行的，不予支持。

28. 离婚财产分割协议中对不动产物权的约定能否直接产生物权变动的效力？能否对抗债权人申请执行？

离婚财产分割协议中对不动产物权的约定不直接产生物权变动的效力，夫妻一方仅可基于债权请求权向夫妻另一方主张履行不动产物权转移登记的契约义务。在不动产物权未办理转移登记的情形下，离婚财产分割协议中对不动产物权的约定不能对抗善意第三人。

离婚财产分割协议中对不动产物权的约定能否对抗债权人申请执行，应当通过审查离婚财产分割协议的真实性、形成时间、不动产物权未办理转移登记的原因、当事人的过错等予以综合判断。具体可参考《江苏省高级人民法院执行异议及执行异议之诉案件审理指南（二）》的相关规定认定和处理。

29. 如何区分夫妻财产制契约与夫妻财产赠与约定，其效力应当如何认定？

夫妻财产制契约是夫妻双方在《婚姻法》第十九条规定的三种夫妻财产制形态，即分别财产制、一般共同制和限定共同制中进行选择的约定，对夫妻财产关系产生一般性、普遍性的约束力，其效力一般及于夫妻财产的全部。夫妻财产赠与约定是夫妻双方对于个别财产的单独处分，具有一次性、个别化的特点，其效力不及于其他未经特殊处分的财产。前者的目的在于排除法定财产制的适用，后者的目的在于改变一项特定财产的权利归属，并不涉及财产制的选择。

夫妻双方订立的夫妻财产制契约对夫妻双方具有法律约束力，任何一方不得擅自变更或者撤销。

夫妻一方在婚前或者婚姻关系存续期间约定将个人所有的不动产赠与夫妻另一方或者约定为按份共有、共同共有的，属于夫妻财产赠与约定，赠与人在赠与不动产物权办理转移登记之前撤销赠与，夫妻另一方主张履行的，应当依照《中华人民共和国合同法》第一百八十六条的规定处理。

30.《婚姻法解释三》第十条规定的不动产婚内共同还贷及增值的补偿数额应当如何计算？

补偿数额可以按以下公式计算：【夫妻共同还贷部分×不动产升值率÷2】。不动产升值率＝离婚时不动产价格÷不动产成本（购置时不动产价格＋共同已还贷款利息＋其他费用）×100%。其他费用包括印花税、契税、营业税、评估费等，不包括公共维修基金、物业费。如果夫妻一方购置不动产后经过一段时间才结婚的，计算不动产成本时，应当以结婚时不动产价格作为计算依据。若在个案中计算所得补偿数额明显低于婚后还贷本息总额的一半时，应当依照《婚姻法》第三十九条第一款规定的原则，判令取得所有权的夫妻一方给予夫妻另一方合理的补偿。

31. 婚姻关系存续期间夫妻一方以婚前财产出资购置的不动产以及增值收益的性质应当如何认定？

婚姻关系存续期间夫妻一方以婚前财产出全资购置的不动产，所有权登记在出资方名下，该不动产为夫妻一方婚前财产在婚后发生的形态上的转化，不影响财产的性质，除当事人另有约定外，应当认定为夫妻一方的个人财产。基于该不动产所产生的增值收益，应当根据具体情况作出认定。如果购置该不动产的目的是为了投资，则产生的增值收益应当认定为夫妻共同财产。

婚姻关系存续期间夫妻一方以婚前财产出全资或者夫妻一方以婚前财产以及夫妻共同财产混合出资购置的不动产，所有权登记在夫妻双方名下或者夫妻另一方名下，除当事人另有约定外，应当认定为夫妻共同财产。离婚时在具体分割不动产时，可以结合出资比例等因素对婚前财产出资方予以多分。

32. 夫妻一方婚前购买的股票在婚后的增值收益的性质应当如何认定？

夫妻一方婚后对婚前购买的股票没有进行买卖，股票因市场行情变化产生的增值收益为自然增值，除当事人另有约定外，应当认定为夫妻一方的个人财产。夫妻一方婚后对婚前购买的股票进行买卖产生的增值收益为主动增值，除当事人另有约定外，应当认定为夫妻共同财产。

33. 婚姻关系存续期间夫妻一方以个人财产出全资购置以个人名义参加房改的不动产，所有权登记在出资方名下，其性质应当如何认定？

婚姻关系存续期间夫妻一方以个人财产出全资购置以个人名义参加房改的不动产，所有权登记在出资方名下，离婚时出资方主张为个人财产的，不予支持，除非当事人另有约定或者出资方能够举证证明该不动产的取得与夫妻另一方没有关系且夫妻另一方不会因此而利益受损。离婚时在具体分割不动产时，可以对出资方予以多分。

34. 享受本人工龄和已死亡配偶生前工龄优惠后所购房改房的性质应当如何认定？

房改房是国家根据职工工龄、职务、工资、家庭人口等各种因素综合考虑后在价值计算上给予职工政策性优惠福利的房屋。此种政策性优惠福利具有人身和财产双重属性，属于财产权益。生存配偶享受本人工龄和已死亡配偶生前工龄优惠后所购房改房，是对原有承租权的承袭和转化，一般应当认定为夫妻共同财产。

35. 婚姻关系存续期间夫妻购置所有权登记在夫妻双方以及子女名下或者

仅登记在子女名下的不动产的性质应当如何认定？

对于婚姻关系存续期间夫妻购置所有权登记在夫妻双方以及子女名下或者仅登记在子女名下的不动产，应当审查夫妻双方进行所有权登记时的真实意思表示，尽可能甄别夫妻双方是否存在逃避债务、规避执行等行为。

在排除前述情形的情况下，可以按以下情形分别处理：

（1）对于婚姻关系存续期间夫妻购置所有权登记在夫妻双方以及子女名下的不动产，应当认定为夫妻双方与子女共有。所有权登记中未约定为按份共有的，应当认定为共同共有。

（2）对于婚姻关系存续期间夫妻购置所有权仅登记在子女名下的不动产，一般应当认定为子女的财产。如果有证据证明夫妻双方将所有权登记在子女名下的真实意思仅是代名登记，夫妻双方并无赠与意思的，该不动产应当认定为夫妻共同财产。但夫妻之间的财产约定不能对抗善意第三人。

36. 离婚协议中涉及对第三人赠与的条款，离婚后赠与人以赠与财产权利尚未转移为由能否申请撤销？受赠人有无独立的给付请求权？

离婚协议是夫妻双方权衡利益、考量利弊后，围绕婚姻关系解除而形成的一个有机整体，各项内容既相互独立，又相互依存。因此，离婚后赠与人以赠与财产权利尚未转移为由申请撤销离婚协议中涉及对第三人赠与条款的，不予支持，但符合《婚姻法解释二》第九条规定情形的除外。

离婚协议约定将特定财产赠与第三人，离婚后夫妻一方不履行给付义务，夫妻另一方可以起诉主张其履行。受赠人非离婚协议一方，仅为赠与条款的受益人，并无独立的给付请求权，其起诉主张夫妻一方或者双方履行给付义务的，裁定不予受理，已经受理的，裁定驳回起诉。

37. 父母为子女出全资购置不动产的性质应当如何认定？

父母为子女出全资购置不动产，除当事人另有约定外，可以按以下情形分别处理：

（1）一方父母出全资购置的不动产，无论该出资行为发生在婚前还是婚后，所有权登记在自己子女名下的，该出资可以认定为对自己子女的赠与，该不动产可以认定为出资方子女的个人财产。

（2）一方父母出全资购置的不动产，无论该出资行为发生在婚前还是婚后，所有权登记在子女双方名下或者另一方子女名下，该出资可以认定为对子女双方的赠与，该不动产可以认定为共同共有。

（3）婚前双方父母共同出全资购置的不动产，所有权无论登记在一方子女或者子女双方名下，该出资可以认定为父母对各自子女的赠与，该不动产可以认定为双方按照各自父母出资份额按份共有。

（4）婚后双方父母共同出全资购置的不动产，所有权登记在一方子女名下，该出资可以认定为父母对各自子女的赠与，该不动产可以认定为双方按照各自父母出资份额按份共有。

（5）婚后双方父母共同出全资购置的不动产，所有权登记在子女双方名下，该出资可以认定为对子女双方的赠与，该不动产可以认定为共同共有。

38. 婚后一方父母部分出资为子女购置不动产，所有权登记在出资方子女名下，其性质应当如何认定？

《婚姻法解释三》第七条规定的“婚后由一方父母出资为子女购买的不动产”，其适用前提是一方父母出全资为子女购置不动产情形。婚后一方父母部分出资为子女购置不动产，夫妻双方支付剩余款项，所有权登记在出资方子女名下，除当事人另有约定外，该不动产应当认定为夫妻共同财产。离婚时在具体分割不动产时，可以结合父母出资比例等因素对出资方子女予以多分。

39. 父母为子女购置不动产出资性质的举证责任应当如何分配？

父母为子女购置不动产出资，事后以借贷为由主张返还，子女主张出资为赠与的，应当遵循谁主张谁举证的原则，由父母承担出资为借贷的举证责任。父母不能就出资为借贷提供充分证据证明导致出资性质处于真伪不明状态时，应当由父母承担举证不能的责任。

40. 夫妻一方擅自处分共有不动产应当如何处理？

《婚姻法解释三》第十一条规定仅适用于“登记在夫妻一方名下，该方处分”的情形，受让人在符合《中华人民共和国物权法》第一百零六条规定情形下，其主张取得物权的，应予支持。在不符合《中华人民共和国物权法》第一百零六条规定情形下，依照《婚姻法解释一》第十七条第二项的规定，如果受让人能够举证证明“有理由相信其为夫妻双方共同意思表示”的，受让人主张继续履行合同的，亦应予以支持。

对“登记在夫妻双方名下、夫妻一方处分”以及“登记在夫妻一方名下，夫妻另一方处分”的情形，可以依照《婚姻法解释一》第十七条第二项的规定，如果受让人能够举证证明“有理由相信其为夫妻双方共同意思表示”的，受让人主张继续履行合同的，应予支持。

对于“有理由相信其为夫妻双方共同意思表示”，可以通过审查当事人先前行为是否足以造成确信（在场未表示反对）、是否从公开场所取得（通过中介）、手续是否齐备（本人在场、证件原件、授权委托书）等予以综合判断。

41. 离婚时对于婚姻关系存续期间以夫妻共同财产出资获得的登记在夫妻一方名下的有限责任公司（不包括夫妻公司、一人有限责任公司）的股权应当如何处理？股权价值应当如何确定？

基于有限责任公司的资合性和人合性特点，离婚时对于婚姻关系存续期间以夫妻共同财产出资获得的登记在夫妻一方名下的有限责任公司（不包括夫妻公司、一人有限责任公司）的股权的处理，既要从有利于解决夫妻纠纷的原则出发，又要最大限度地做好与其他利害关系人的利益协调，不能侵害其他股东的同意权和优先购买权等权利。

如果夫妻双方就股权分割协商一致，可以依照《婚姻法解释二》第十六条的规定处理。因《婚姻法解释二》第十六条中“过半数股东同意”与新《中华人民共和国公司法》第七十一条第二款中“其他股东过半数同意”相冲突，因此，应适用《中华人民共和国公司法》第七十一条第二款中“其他股东过半数同意”的规定。

如果夫妻双方就股权分割无法协商一致，可以按以下情形分别处理：

（1）夫妻双方均主张股权且愿意和对方共同经营的，其他股东过半数同意且明确表示放弃优先购买权的，可以按比例分割股权。夫妻双方均主张股权但不愿与对方共同经营的，可以通过竞价方式确定由谁最终取得股权。如果股东的配偶取得股权，应当经其他股东过半数同意且明确表示放弃优先购买权。取得股权的一方，应当给予另一方相应的经济补偿。

（2）股东一方或者股东的配偶放弃股权主张补偿款的，应当在确定股权价值的基础上，由取得股权的一方给予另一方相应的经济补偿。如果股东的配偶取得股权，应当经其他股东过半数同意且明确表示放弃优先购买权。

（3）夫妻双方均不愿意取得股权的，可以依照《中华人民共和国公司法》的相关规定将股权转让给其他股东或者股东之外的第三人，并对转让价款依法分割。向股东以外的第三人转让股权的，应当经其他股东过半数同意且明确表示放弃优先购买权。如果无人受让股权的，夫妻双方可以按比例分割股权。

前述（1）至（3）情形中，如果其他股东过半数不同意转让，也不愿意以同等价格购买股权的，视为同意转让。

股权价值评估时，可以责令当事人以及股权所在的公司提供评估所需的财务会计报表等资料。因公司管理混乱、会计账册不全以及公司经营者拒不提供财务信息等原因导致股权价值无法评估的，可以向税务、工商部门调取备案的资产负债表、损益表、净资产表以及该公司公布的年度报表等财务资料交予评估机构评估股权价值。如果无法调取上述财务资料，可以参照当地同行业中经营规模和水平近似的公司的营业收入或者利润核定股权价值。当事人对依职权确定的股权价值提出异议的，应当提供能证实其主张的财务资料。

42. 夫妻双方设立夫妻公司时在工商部门登记的持股比例是否属于夫妻财产约定，离婚时能否据此分割股权？

基于夫妻关系的特殊性可能导致双方设立夫妻公司时在工商部门登记的持股比例具有很大的随意性，如果无其他证据佐证，该登记比例不属于夫妻财产约定，离婚时夫妻一方要求据此分割股权的，不予支持。

43. 离婚案件中对于人身保险合同应当如何处理？

人身保险分为人寿保险、意外伤害保险和健康保险。离婚案件中对于人身保险合同，除当事人另有约定外，可以按以下情形分别处理：

（1）已获得保险金的情形

婚姻关系存续期间，夫妻一方作为被保险人依据意外伤害保险合同、健康保险合同获得的保险金，主要用于受害人的治疗、生活等特定用途，具有人身性质，应当认定为个人财产。

夫妻一方作为受益人依据以死亡为给付条件的人寿保险合同获得的保险金，该保险合同中受益人的指定本身就表明了投保人与受益人之间的特定关系，体现了保险金的专属性，应当认定为个人财产。

婚姻关系存续期间，夫妻一方依据以生存到一定年龄为给付条件的具有现金价值的保险合同获得的保险金，该保险具有一定的投资属性，由此获得的投资收益，应当认定为夫妻共同财产。

（2）尚未获得保险金的情形

婚姻关系存续期间以夫妻共同财产投保，离婚时仍处于保险有效期内的人身保险合同，夫妻双方主张分割保险单现金价值的，应予支持。

如果投保人和被保险人均为夫妻一方，离婚时夫妻双方可以协议退保或者继续履行保险合同。投保人不愿意继续履行的，保险人退还的保险单现金价值应当作为夫妻共同财产分割；投保人愿意继续履行的，投保人应当支付保险单现金价值的一半给另一方。

如果夫妻一方为投保人，夫妻另一方为被保险人，离婚时夫妻双方可以协议退保或者继续履行保险合同。协商一致退保的，保险人退还的保险单现金价值应当作为夫妻共同财产分割；协商一致愿意继续履行的，获得保险合同利益一方应当支付保险单现金价值的一半给另一方。如果投保人要求退保，而被保险人要求继续履行的，保险合同应当继续履行，获得保险合同利益一方应当支付保险单现金价值的一半给另一方。

（3）为未成年子女购买人身保险的处理

婚姻关系存续期间，夫妻一方或者双方为未成年子女购买的人身保险获得的保险金，如果未成年子女未死亡，应当专属于未成年子女所有。

离婚时，如果为未成年子女购买的人身保险合同尚处于保险有效期的，因保险的最终利益归属于未成年子女，该保险应当视为对未成年子女的赠与，不再作为夫妻共同财产分割。

44. 离婚案件中对于违法建筑应当如何处理?

离婚案件中涉及违法建筑的，要防止通过民事裁判将违法建筑合法化，故不宜在民事裁判中认定建筑物是否违法。

在违法建筑合法化、当事人取得所有权之前，无论是分割违法建筑还是确认所有权或者使用权等，均没有法律依据，此类纠纷不予处理。当事人主张对违法建筑的建筑材料进行分割的，不予支持。若违法建筑被依法拆除的，当事人可以对建筑材料的分割另行主张权利。

违法建筑的既得利益，如租赁收入，属于婚姻关系存续期间的财产性收益，应当作为夫妻共同财产分割。尚未取得的收益因不具有确定性，不予处理。

离婚案件中，当事人主张分割小产权房或者确认小产权房所有权或者使用权等的，不予处理。

45. 作为继承人的夫妻一方放弃继承权，夫妻另一方能否主张放弃继承权无效或者赔偿损失?

继承人在继承开始后遗产处理前可以根据自己的意志决定接受继承还是放弃继承权，作为继承人的夫妻一方对继承权的处分无需征得夫妻另一方的同意。夫妻另一方主张放弃继承权无效或者赔偿损失的，不予支持。但如果夫妻另一方举证证明作为继承人的夫妻一方放弃继承权致使不能履行法定义务导致其获得经济帮助、扶养等权益受到损害的，其关于放弃继承权无效或者赔偿损失的主张，应予支持。

46. 夫妻共同债务的举证责任应当如何分配？

《最高人民法院关于审理涉及夫妻债务纠纷案件适用法律有关问题的解释》进一步明确了夫妻共同债务举证责任分配规则。司法实践中，在正确适用司法解释的同时，要强化法院职权探知，合理运用日常经验法则和逻辑推理，对于债务人配偶和债权人的利益要予以兼顾，避免因错误分配举证责任造成司法裁判不公。

对于夫妻双方共同签字或者签字时债务人配偶在场但未作出明确反对意思表示或者债务人配偶事后追认以及通过其他共同意思表示形式（如电话、短信、微信、邮件等）认可的债务，应当认定为夫妻共同债务，此种情形应当由债权人承担举证责任。

夫妻一方在婚姻关系存续期间以个人名义为家庭日常生活需要所负的债务，应当认定为夫妻共同债务。债权人应当提供该债务为家庭日常生活需要所负的初步证据，债务人配偶主张不属于夫妻共同债务的，应当承担举证责任。

债务人配偶提供初步证据证明夫妻一方在婚姻关系存续期间以个人名义所负的债务超出家庭日常生活需要，债权人主张属于夫妻共同债务的，应当举证证明该债务用于夫妻共同生活、共同生产经营或者基于夫妻双方共同意思表示。

47. 如何界定夫妻一方在婚姻关系存续期间以个人名义为“家庭日常生活需要”所负的债务？

“家庭日常生活需要”是指家庭日常生活中的必要支出，包括衣食住行、医疗保健、交通通信、文娱教育及服务等。认定是否为“家庭日常生活需要”所负的债务，应当结合债务金额、举债次数、债务用途、家庭收入状况、消费水平、当地经济水平和一般社会生活习惯等予以综合判断。

以下情形可以作为认定超出“家庭日常生活需要”所负债务的考量因素：

（1）债务金额明显超出债务人或者当地普通居民家庭日常消费水平的；

（2）债权人明知或者应知债务人从事赌博、吸毒等违法犯罪活动仍出借款项的；

（3）债权人明知或者应知债务人已大额负债无法偿还，仍继续出借款项的。

48. 如何界定夫妻一方在婚姻关系存续期间以个人名义为“夫妻共同生活、共同生产经营”所负的债务？

“夫妻共同生活”是指夫妻为履行经济扶养、生活照顾、精神抚慰义务而进行共同消费或者积累夫妻共同财产的情形。“夫妻共同生产经营”是指夫妻共同决定生产经营事项或者一方授权另一方决定生产经营事项或者夫妻另一方在生产经营中受益的情形。

以下情形可以作为认定债务用于“夫妻共同生活、共同生产经营”的考量因素：

（1）举债期间家庭购置大宗财产或者存在大额开支情形，夫妻双方无法说明资金来源的；

（2）举债用于夫妻双方共同从事的生产经营事项的；

（3）举债用于债务人单方从事的生产经营事项，但债务人配偶从生产经营中受益的。

以下情形可以作为认定债务未用于“夫妻共同生活、共同生产经营”的考量因素：

（1）举债期间家庭未购置大宗财产或者存在大额开支情形的；

（2）债务用于债务人从事赌博、吸毒等违法犯罪活动的；

（3）债务用于债务人单方负担与夫妻共同生活、共同生产经营无关的活动的，如无偿担保等；

（4）债务人配偶对债务人的生产经营行为不知情且未从生产经营中受益的。

49. 作为有限责任公司或者股份有限公司的法定代表人、控股股东的夫妻一方在婚姻关系存续期间以个人名义借款用于公司或者为公司借款提供担保，该债务性质应当如何认定？

作为有限责任公司或者股份有限公司的法定代表人、控股股东的夫妻一方在婚姻关系存续期间以个人名义借款用于公司或者为公司借款提供担保的，应当区分属于公司债务还是个人债务。在认定属于个人债务的情形下，如果债务人在借款或者担保时收取了经济利益用于夫妻共同生活或者借款、担保行为与夫妻共同生活、共同生产经营密切相关，该借款或者担保债务应当认定为夫妻共同债务。

作为夫妻公司的法定代表人、控股股东的夫妻一方在婚姻关系存续期间以个人名义借款用于公司或者为公司借款提供担保的，该借款或者担保债务应当认定为夫妻共同债务。

夫妻一方作为一人有限责任公司的股东在婚姻关系存续期间以个人名义借款用于公司或者为公司借款提供担保，如果债务人配偶参与生产经营或者从生产经营中受益的，该借款或者担保债务应当认定为夫妻共同债务。

50. 因夫妻一方侵权行为所产生的债务性质应当如何认定?

判断夫妻一方因侵权行为所产生的债务是否为夫妻共同债务，关键在于审查债务人配偶是否分享了利益。如果债务人配偶通过债务人的活动从中受益，例如在从事家庭经营等活动中发生侵权行为，按照利益共享、责任共担的原则，应当认定为夫妻共同债务；如果债务人的活动并非为了家庭利益且债务人配偶也未从中受益的，应当认定为债务人的个人债务。

上海法院服务保障长江经济带发展十大典型案例

（上海市高级人民法院 2019 年 6 月 24 日发布）

案例一

人工智能助力适法统一促进审判公正 改革创新优化长江经济带司法软环境

——上海市高级人民法院研发应用“推进以审判为中心的诉讼制度改革软件”

【案例背景】

长江经济带发展需要建立统一市场，而统一市场的核心则在于统一的规则，需要公正高效透明的司法制度保障。各地法院间证据认定规则不统一、适法标准不统一的现象客观存在。为有效解决这一问题，上海市高级人民法院以司法改革为契机，运用互联网、大数据、云计算、人工智能等新技术，并研究人工智能现阶段的发展特征，开发应用智能辅助办案系统。在刑事案件中，实现证据标准、证据规则统一指引的基础上，充分发挥对证据的校验、把关、提示、监督的作用，以辅助侦查员、检察官、法官办案；在民商事和行政案件中，构建人力与科技深度融合的标准化、规范化、智能化的审判新模式，充分发挥现代科技在辅助法官采信证据、认定事实、适用法律、公正裁判等方面的重要作用，助力解决审判实践中存在的办案思路不统一、证据审查不全面、自由裁量权行使不规范等问题，提升司法质量。

【案例内容】

2017 年 2 月 6 日，中央政法委向上海市高级人民法院交办研发“推进以审判为中心的诉讼制度改革软件”的任务。上海市高级人民法院在上海市委及市委政法委的领导下，在最高人民法院的指导下，会同市检察、公安、司法机关，攻坚克难，经过两年的努力，成功地完成了“上海刑事案件智能辅助办案系统”（简称“206 系统”）的研发任务，并正在拓展研发“上海民事、行政案件智能辅助办案系统”。围绕刑事案件，系统设计功能 26 项，子功能 88 项，涵盖了刑事诉讼从立案、侦查、批捕、审查、起诉、庭审、判决全过程，并拓展至司法局减刑假释、刑满释放、回归社会，能够实现单一证据校验功能、证据链条完整性审查判断功能、智能辅助庭审功能、要素式讯问功能等具体场景应用。围绕民商事、行政案件，目前已完成 20 个案由的办案要件指引的制定，完成了证据审查判断、争议焦点预归纳等 19 项功能研发工作，让机器能识别抽取，实现案件要素自动抓取。同时，为建立健全制度机制，上海公检法机关共同建立了《上海刑事案件智能辅助办案系统使用管理办法（试行）》《上海刑事案件电子卷宗技术规范（试行）》《上海刑事案件智能辅助办案流程规则（试行）》等 20 余项工作制度机制。

【案例效果】

“206 系统”试运行至今两年多时间里，得到实践的全面检验，作用逐步显现，主要体现在：一是统一网络平台，在全国第一次真正实现了公检法办理刑事案件网上运行、互联互通、数据共享，打破了“信息壁垒”。二是统一证据标准，为办案人员提供了证据标准、证据规则指引清单，实现了证据标准、证据规则“看得见、摸得着、可操作”。三是强化证据审查，发挥了校验、把关、提示作用，使整个刑事诉讼活动全程可视、全程可控、全程留痕、全程监督。四是辅助法官使“案件事实查明在法庭”“证据认定在法庭”的庭审实质化的要求真正落地见效成为可能。五是多项功能集成应用，节约资源成本，提升办案质效，成为办案人员离不开的智能助手。六是系统全面应用，实现了工作流程再造，更好地体现了“分工负责、互相配合、互相制约”的刑事诉讼原则，促进司法责任制落实，保证了以审判为中心的诉讼制度改革落地见效。至2018年12月底，上海刑事案件办理实现了从立案、侦查、批捕、起诉、庭审、判决均在“206系统”内运行。

目前“206系统”已在全国部分地区开始推广应用，山西省太原市，安徽省合肥市、芜湖市，福建省福州市，云南省昆明市，浙江省温州市，吉林省长春市，宁夏回族自治区银川市、贵州省等八省八地市先行试点，其中涉及长江经济带4省4市。

2019年1月23日，由上海市第二中级人民法院院长郭伟清担任审判长的7人合议庭公开开庭审理了殷某抢劫案，这是全国法院首次运用“206系统”辅助庭审，庭审中，在合议庭、公诉人、被告人、辩护人和旁听席前均设有电子屏幕，通过屏幕上三个区域的即时联动（被告人面前仅显示庭审示证区），为庭审全过程提供智能服务；法庭调查环节中，通过单一证据校验功能，系统自动提示合议庭案件存在两处瑕疵，合议庭从系统中调取的瑕疵报告显示，瑕疵点为涉案有关扣押物品未发现扣押笔录。审判长立即查证询问，公诉人当庭对此证据作出说明，合议庭经讨论后决定将该说明记录在案，供评议时参考，实现了人机深度互动。

案例二

“小三角”助力“大三角”　加强长三角区域执行协作

——上海市金山区人民法院、上海市青浦区人民法院与江浙两省法院打造跨省域执行协作机制

【案例背景】

长三角区域是长江经济带的经济、金融和产业高地和对外开放的前沿，是我国经济实力最强、经济活跃度最高的地区之一。打造长三角区域经济一体化，需要一体化的司法环境作支撑，而跨区域协作执行司法判决，是其中尤为重要的方面。在江浙沪皖长三角四地法院司法协作中，加强跨区域司法服务和司法执行联动协助机制建设，促进司法资源的集约优化是其中的重要内容之一。目前，长三角地区法院可直接通过最高人民法院“总对总”系统进行网络查控；对于“总对总”系统暂未覆盖的财产，上海法院“点对点”系统已覆盖的财产，通过“点对点”系统技术标准传输数据可在四地法院间实现对接。上海金山与浙江嘉善、平湖，以及上海青浦与浙江嘉善、苏州吴江作为长三角地区的“小三角”，地缘相接、人缘相亲、经济相融、人文相近，人员经济联系紧密，许多司法案件的当事人、财产、住所等因素相互交织，各地法院之间的执行协作更具有现实基础和实践价值。

【案例内容】

2009 年上海市金山区人民法院、浙江省平湖市人民法院、浙江省嘉善县人民法院三地法院共同会商，契合长三角区域一体化的大背景，建立了“金、嘉、平”三地执行协作机制，每年度召开三地协作例会，保持沟通交流，保证机制运行顺畅。十年来，三地法院通力合作，共同打造了运行高效，机制成熟的协作机制。三方在应急联系、信息共享、委托执行、财产处置和执行联动等问题上长期合作，解决了一批难案要案，赢得了三地诉讼当事人和人民群众的肯定，取得了良好的社会效果。

上海市青浦区人民法院与浙江省嘉善县人民法院、苏州市吴江区人民法院依托长三角区域一体化战略，建立了跨省“小三角”协作执行机制，在执行

协调、执行协助等方面加强配合，最大限度地实现资源共享，优势互补，互惠共赢，2019 年 5 月 10 日，三地法院共同召开“长三角青嘉吴三地法院司法一体化协作座谈会”，共同签订了《长三角一体化法院执行协作备忘录》。三地法院将充分利用地理位置相近的优势，针对涉及共同被执行人案件，加强区域法治建设联动，最大限度保障当事人的合法权益，努力为长三角区域一体化发展贡献司法力量、司法方案和司法智慧。

【案例效果】

上海市金山区人民法院与浙江省平湖市人民法院、浙江省嘉善县人民法院打造的“金、嘉、平”三地协作机制，以及上海市青浦区人民法院与浙江省嘉善县人民法院、苏州市吴江区人民法院打造的“青、嘉、吴”三地协作机制，已经形成跨区域执行联动的应急体系，成为长三角司法协作的一个缩影。“金、嘉、平”三地协作机制建立十年来，委托执结案件近千件，执行到位金额3 亿余元。2018 年1 月，在上海市金山区人民法院协助下，浙江省嘉善县人民法院一起强制腾退案执行，近 2 万平方米土地面积、300 多间商铺成功交到了买受人手中。该案获得了浙江省高级人民法院的高度评价并被嘉善电视台等媒体报道，成为三地法院协作执行的典范。当前，长三角区域一体化上升为国家战略，中央“十三五”规划提出了长江经济带发展的总体要求，“金、嘉、平”“青、嘉、吴”小三角协作机制具有前瞻性和战略性。新形势下，区域执行协作机制的顺畅运行对于优化区域营商环境，服务长江经济带建设具有重要的促进作用。下一步，相关法院将进一步探索建设安全风险防控机制、应急联动机制、人才培养交流机制，深化平安边界创建，为建设更高质量的长三角，更具活力的长江经济带注入新动能。

案例三

合力深化区域法院合作　强化生态环境共保联治

——上海法院护航建设长三角生态绿色一体化发展示范区

【案例背景】

长江经济带是中国人口、经济、产业最为密集的经济轴带之一，也是综合实力最强、战略支撑作用最大的区域之一，更是中国重要的生态宝库，生态资源十分丰富，生态环境地位十分重要。但近年来，长江流域也面临生态环境状况恶化、区域发展不平衡、区域合作机制不健全等诸多问题。2016 年 1 月 5 日，习近平总书记在重庆主持召开的推动长江经济带发展座谈会上强调，长江是中华民族的母亲河，也是中华民族发展的重要支撑；推动长江经济带发展必须从中华民族长远利益考虑，把修复长江生态环境摆在压倒性位置，共抓大保护、不搞大开发，努力把长江经济带建设成为生态更优美、交通更顺畅、经济更协调、市场更统一、机制更科学的黄金经济带，探索出一条生态优先、绿色发展新路子。2018 年 4 月 26 日，习近平总书记在湖北武汉主持召开深入推动长江经济带发展座谈会并发表重要讲话，为新形势下推动长江经济带高质量发展作出部署、指明方向，并再次强调了保护长江经济带生态环境安全的重要意义。长江三角洲地处长江下游及长江入海口区域，城镇化程度高，工农业污染风险相对较大，生态环境资源保护的任务更为艰巨。在推动长三角更高质量一体化发展中，生态环境保护是重中之重，江浙沪皖四地法院在司法协助工作框架下，多措并举，进一步加大对长三角环境资源的司法保护力度，形成跨区域司法保护合力，促进长三角乃至长江流域生态环境的共保联治。

【案例内容】

2008 年 10 月，江浙沪三地高级人民法院签署《长江三角洲地区人民法院司法工作协作交流协议》，首次构建长三角司法协作与发展机制。2018 年 11 月 28 日，江浙沪皖四地法院在上海崇明举办了第十届长三角地区法院司法协助工作会议，会上四地高级人民法院共同签署了《关于全面加强长江三角洲地区人民法院司法协助交流工作的协议》，其中明确提出，要依法严厉打击危害食品药品安全、破坏长江流域生态环境等群众反映强烈的违法活动，依法保护生态环境和人民群众生命健康安全。在长三角地区法院协助框架下，上海各法院立足本地实际情况，与周边省市法院开展形式多样、有针对性的环保司法协作。

如上海市青浦区人民法院在 2018 年 6 月主办的“长三角环境资源司法保护论坛”上，与浙江省湖州市中级人民法院、浙江省嘉兴市中级人民法院、江苏省常州市中级人民法院、安徽省马鞍山市中级人民法院、浙江省安吉县人民法院、江苏省高邮市人民法院、安徽省含山县人民法院及上海市第二中级人民法院、上海铁路运输法院、上海市金山区人民法院、上海市崇明区人民法院签订了《长三角环境资源司法保护协作备忘录》，在定期举办长三角环境资源司法保护论坛，建立信息共享制度、建立环境资源重大案件联动办理机制、加强生态环境风险防控工作、建立宣传教育联动平台等方面达成共识与协作。同时，探索运用人工智能技术，开发完成涉环境资源保护案件司法大数据分析平台，以司法裁判规则为基础，采用统计学方法进行数据建模及分析处理，梳理全市涉环保案件的地区分布情况、案件数量变化趋势、当事人具体特征、裁判结果分析，并通过可视化图表进行展示，为长三角地区做好“生态建设”文章构筑绿色法治屏障。

又如上海市崇明区人民法院于 2016 年 6 月 6 日在上海率先成立环境资源审判庭，实现了审判组织专门化，并强化审判队伍专家化，打造专家型、精英化生态环境保护法官队伍，建立上海首个环境资源审判咨询专家库，聘请 8 名全国环境资源法学领域的知名专家为该院环境资源审判提供专业咨询意见，推动环境资源审判能级的提升。2019 年 5 月 30 日，在最高人民法院环境资源审判庭、中国法学会环境资源法学研究会的指导下，由上海市法学会、上海财经大学、上海市崇明区人民政府共同主办，上海市崇明区人民法院承办，上海市崇明区生态环境局协办的第三届崇明世界级生态岛环境司法研讨会召开。会上，上海市崇明区人民法院、上海铁路运输法院、江苏省江阴市人民法院、江苏省如皋市人民法院、江苏省东台市人民法院共同签署《长江口环境资源司法保护合作框架协议》，积极推动长江口环境资源跨域司法协作。

【案例效果】

国务院《长江经济带发展规划纲要》明确提出，深入贯彻全面依法治国战略部署，建立健全长江经济带生态环境保护法律制度，使长江生态环境保护有更严格的法律保障。建立推动长江生态环境司法合作协同机制，是深入贯彻习近平总书记重要讲话精神，全面落实党中央、国务院的决策部署的具体实践，标志着司法服务和保障长江经济带发展迈出了坚实的步伐，对维护长江经济带的生态安全，依法促进长江经济带发展、长三角区域一体化战略实施具有十分重要的意义。通过建立司法合作协同机制，有利于充分协调，促进长三角三省一市法院和有关部门联动，加强司法服务和保障，打造畅通高效平安绿色的黄金水道，监督支持行政机关依法行政，形成分工明确、执行高效的合作机制，为推动长江经济带生态环境保护提供良好的司法环境。上海法院紧紧围绕国家发展战略和生态环境保护工作大局，积极探索推进环境资源审判体制机制改革，深化跨区域环境司法合作，在加强环境资源司法保护、提升环境资源治理法治化水平方面发挥了积极作用，大力护航建设长三角生态绿色一体化发展示范区。

案例四

加强环保责任追究力度　保护长江生态环境资源
——顾某某非法狩猎刑事附带民事公益诉讼案

【基本案情】

2017 年 11 月中旬至 12 月上旬，被告人顾某某在上海市崇明区陈家镇其住处附近一小树林内悬挂张网 2 顶捕杀野生鸟类。同年 12 月 6 日，公安机关接报至被告人顾某某住所，查获其藏匿的捕鸟网具及已褪毛的死亡野生鸟类 37 只，遂将被告人顾某某抓获。到案后被告人如实供述了上述犯罪事实。

上海市崇明区系野生动物禁猎区，被告人顾某某使用的捕鸟网具为禁用工具。经上海野生动植物鉴定中心鉴定，顾某某捕杀的 37 只野生鸟类中，列入《国家保护的有益的或者有重要经济、科学研究价值的陆生野生动物名录》的有野生鹨 1 只、白腹鸫 21 只、灰背鸫 7 只、珠颈斑鸠 5 只，列入《上海市重点保护野生动物名录》的有乌鸫 1 只，合计 35 只重点保护野生鸟类，经上海市崇明区发展和改革委员会认定，共计价值人民币 10500 元。

【裁判结果】

上海铁路运输法院认为，被告人顾某某违反射猎法规，在禁猎区使用禁用的工具、方法进行狩猎，破坏野生动物资源，情节严重，其行为构成非法狩猎罪。被告人顾某某到案后能如实供述、自愿认罪，并主动预缴了全部赔偿款项，认罪悔罪表现较好，依法可以从轻处罚。结合本案的犯罪事实、性质、情节和对社会的危害程度，可以对其宣告缓刑。顾某某猎捕野生鸟类 37 只并造成死亡，其中 35 只为重点保护野生鸟类，其行为造成了国家野生动物资源损失，损害了社会公共利益，还应当依法承担民事侵权责任。附带民事公益诉讼起诉人要求顾某某赔偿因非法狩猎导致35只重点保护野生鸟类死亡造成的国家经济损失并公开向社会公众赔礼道歉的诉讼请求，符合法律规定，予以支持。上海铁路运输法院作出如下判决：以非法狩猎罪判处被告人顾某某有期徒刑六个月，缓刑一年；查获的野生鸟类及作案工具捕鸟网等予以没收；被告人顾某某赔偿因非法狩猎导致野生鸟类死亡所造成的国家经济损失共计人民币10500元；被告人顾某某于本判决生效后三十日内就非法狩猎行为向社会公众公开赔礼道歉。

【典型意义】

在长江经济带发展战略中，生态环境资源保护对经济发展具有重要的意义。人民法院在长江经济带发展中肩负着重要的责任和使命，要坚持用最严格制度最严密法治保护生态环境。

崇明岛是世界上最大的河口冲积岛，是上海重要的生态屏障，对长三角、长江流域乃至全国的生态环境、生态安全都有重大影响。2016年12月，上海市政府《崇明世界级生态岛发展“十三五”规划》明确指出，要举全市之力推进崇明世界级生态岛建设，到2020年形成现代化生态岛基本框架，通过生态岛的建设让崇明真正成为鸟类的博物馆、候鸟的天堂，有力保障生物多样性，需要社会的共同努力。而本案中被告人违反狩猎法规，在禁猎区使用禁用的工具、方法猎捕野生鸟类，不仅触犯了刑法，构成非法狩猎罪，而且其行为使国家对野生动物资源的所有权遭受了侵害，并损害了社会公共利益。因此，法院在判处刑罚的同时，判令其赔偿因破坏环境资源犯罪而对社会公共利益造成的损失，并向社会公众赔礼道歉，这充分体现出从严、从快的环保责任追究力度，确保打击犯罪的高压态势，为长江经济带生态环境构筑起全方位的司法保护屏障。

案例五

追究非法填埋共同侵权连带责任 保护长江经济带土壤和水体安全

——上海市人民检察院第三分院诉上海华锐化工有限公司等环境污染民事公益诉讼案

【基本案情】

被告上海华锐化工有限公司（以下简称华锐公司）与被告钱某某共同对堆放于华锐公司经营场地上海市金山大道2892号内的装有含煤焦油等化工残渣的废铁桶实施违法就地填埋。2016年3月18日，上海市金山区环境保护局接到举报，对华锐公司上述经营场地实施开挖勘察，在原场地地下发现涉案废铁桶及化工残渣泄漏形成的废弃物质，经上海市固体废物管理中心鉴别属于危险废物。2016年4月11日，上海绿邹环保工程有限公司应上海市金山区环保局要求，对现场非法填埋区域开展应急清理，挖掘清运出填埋危险废物及受污染土壤122.44吨。经上海市环境科学研究院评估鉴定，华锐公司和钱某某违法填埋废铁桶及污染物的行为导致场地土壤、地下水等环境介质中特征污染因子酚类、苯系物、多环芳烃、石油烃等超出了基线水平，非法填埋区域及周边区域生态（土壤、地下水）环境质量下降，造成环境污染损害。

此次环境污染事件已造成的应急监测、环境调查、现场开挖、运输处置、修复可行性评估等实际损失费用共计人民币3047355元，以及对污染场地修复前期进行污染工程控制施工，土壤、地下水等相关修复费用共计人民币4079720元。钱某某及华锐公司时任法定代表人陈某某违法犯罪行为，已另案处理。

【裁判结果】

上海市第三中级人民法院认为，经评估鉴定，上海市金山大道2892号土壤及地下水因被告华锐公司、被告钱某某实施的非法填埋行为遭受污染，该损害结果与被告华锐公司、被告钱某某的行为具有法律上的因果关系。本案污染环境行为系由被告华锐公司员工与被告钱某某共同实施完成，故应由被告华锐公司与被告钱某某就环境损害后果承担连带赔偿责任。

公益诉讼起诉人上海市人民检察院第三分院依法提起民事公益诉讼，是法定的诉讼担当人，可以接收相关赔偿款项并予以管理。上海市第三中级人民法院作出如下判决：一、被告华锐公司、被告钱某某于判决生效之日起十日内，连带赔偿因非法填埋工业废铁桶造成环境污染所产生的应急处置费用人民币3047355元，支付至上海市人民检察院第三分院公益诉讼专门账户；二、被告华锐公司、被告钱某某于判决生效之日起十日内，连带赔偿因非法填埋工业废铁桶造成环境污染所产生的生态环境修复费用人民币4079720元，支付至上海市人民检察院第三分院公益诉讼专门账户。

【典型意义】

本案为发生在本市及长江流域的一起重大环境污染民事公益诉讼案件，是检察公益诉讼制度确立后上海法院受理的首起由检察机关单独提起的民事公益诉讼案件。两被告为降低企业经营成本、非法填埋废铁桶的行为，导致土壤和地下水遭受了严重污染，若不能及时修复，必将影响长江流域的饮用水，影响农作物的生长。保护环境是我国的基本国策，生态文明建设是关系中华民族永续发展的根本大计。任何个人及单位在开展经营活动时，均不能以牺牲环境来谋取利益。本案的依法审理，体现人民法院以生态优先、绿色发展的理念引领审判工作，彰显了民事公益诉讼案件对社会公众所具有的警示和宣示意义，对保障长江经济带绿色发展、保障生态文明建设起到积极作用。

案例六

准确区分各承运人责任　促进长江多式联运发展

——中国平安财产保险股份有限公司深圳分公司诉烨泰国际货运代理有限公司等保险人代位求偿纠纷案

【基本案情】

2012年3月，烨泰国际货运代理有限公司（以下简称烨泰公司）为重庆江森自控电池有限公司（以下简称重庆江森公司）提供一批进口设备自英国到重庆江森公司工地的门到门物流服务。涉案提单记载的托运人为 TBS Engineering Ltd，收货人为重庆江森公司，起运港为英国南安普顿，卸货港和卸货地为中国重庆，放货事宜联系烨泰公司。

2012 年 6 月 19 日，涉案货物由重庆辰驰物流有限公司（以下简称辰驰公司）名下货车自重庆涪陵港运往重庆江森公司工地，途中发生交通事故，箱内货物受损。交警部门认定，货车驾驶人应对交通事故造成的车辆损失、货物损失承担全部责任。货物起运前，重庆江森公司向中国平安财产保险股份有限公司深圳分公司（以下简称平安深圳公司）投保了建筑工程一切险，事故发生后，平安深圳公司委托的评估人出具评估报告，核定涉案货物损失金额为人民币 925884. 46 元。平安深圳公司扣除免赔额后向重庆江森公司支付保险金共计人民币 875884. 46 元，重庆江森公司出具了权益转让书。

平安深圳公司提起代位求偿之诉，请求法院判令烨泰公司和辰驰公司连带赔偿平安深圳公司货物损失人民币 875884. 46 元及相应利息。烨泰公司辩称，涉案事故发生于平安深圳公司与重庆江森公司间保险合同的保险期间之外，平安深圳公司无权行使代位求偿权。辰驰公司辩称，其与重庆江森公司、烨泰公司间均无运输合同关系，承运涉案货物的货车已转让他人，辰驰公司不应承担赔偿责任。

【裁判结果】

上海海事法院认为，本案系保险人代位求偿权纠纷。平安深圳公司作为保险人已向被保险人重庆江森公司赔偿了保险金，有权在赔偿金额范围内代位行使被保险人对第三者请求赔偿的权利。平安深圳公司是否应当赔偿保险金及赔偿金额是否合理属于平安深圳公司与重庆江森公司之间的保险合同纠纷，不属于本案审理范围。法院将仅就重庆江森公司与烨泰公司、辰驰公司之间的法律关系进行审理。

关于陆路区段承运人的责任，我国海商法第四章中有关海运实际承运人责任的规定，不适用于陆路运输区段，平安深圳公司关于陆路区段的实际承运人应与多式联运承运人承担连带赔偿责任的主张不能成立。但多式联运承运人对托运人承担责任后有权依据合同法的规定向陆路区段的承运人进行追偿。基于上述认定，为了减少当事人讼累，法院组织各方进行调解。各方最终达成一致，烨泰公司、辰驰公司分别向平安深圳公司支付人民币 175000 元和 375000

元解决了纠纷。

【典型意义】

本案系涉长江水域多式联运的保险人代位求偿权纠纷，属海事法院专门管辖案件范围。多式联运具有承运主体多、法律关系复杂的特点，我国对国内和国际海上货物运输实行两套不同的法律制度，涉长江水路多式联运纠纷的法律适用应根据起运港和目的港是否具有涉外性进行确定。本案货物运输系包括南安普顿到上海的海上区段、上海到重庆的通海水域区段、重庆港到江森公司工地的陆路区段的多式联运，应适用海商法的规定。但海商法第四章中有关海运实际承运人责任的规定，不适用于陆路运输区段。海事法院在审理该案中，在准确查明案件事实、正确适用相关法律的基础上，组织各方当事人达成调解，将后续可能发生的追偿纠纷一并解决，有效减少了讼累，有利于维护区域内诚实守信、开放统一的市场秩序，增强长江黄金水道的吸引力，促进江海联运、铁水联运、公水联运的发展，助力安全便捷、绿色低碳、高起点的长江经济带综合立体交通走廊建设。

案例七

整体评价多主体违约责任　规范信用卡刷卡收单交易

——浙江金兄弟珠宝名表有限公司诉快钱支付清算信息有限公司等服务合同纠纷案

【基本案情】

2014年2月22日，浙江金兄弟珠宝名表有限公司（以下简称金兄弟公司）与快钱支付清算信息有限公司（以下简称快钱支付公司）签订《快钱电子支付服务协议》，约定由快钱支付公司为金兄弟公司提供电子支付服务。协议上载明金兄弟公司是从事“提供金银饰品珠宝玉器批发零售”的企业，而快钱支付公司将入网商户类别错误登记为一般批发类商户。

2014年9月4日15时12分36秒，案外人李著某所有的招商银行股份有限公司（以下简称招商银行）信用卡在中国浙江省发生一笔金额为人民币

92800元的消费，商户名为“浙江金兄弟珠宝名表有限公司”，签购单上的签名为“李竹某”。该信用卡设置的交易方式为凭密交易。李著某收到交易短信通知后当即通知招商银行，否认该笔交易为其本人交易。当日，该卡在新加坡发生了三笔交易。2014年10月13日，招商银行发起针对涉案交易的退单扣款操作，自快钱支付公司账户中扣除人民币92800元。2014年10月17日，快钱支付公司向金兄弟公司发出《扣款通知函》并从金兄弟公司开立于其处的账户中扣除了相应款项。金兄弟珠宝公司要求快钱支付公司、招商银行付款未果，故涉诉。

金兄弟珠宝公司请求法院判令：一、快钱支付公司赔偿金兄弟珠宝公司损失人民币92800元；二、招商银行对快钱支付公司的上述赔偿义务承担连带责任。快钱支付公司辩称，金兄弟公司在交货时并未核实卡片后面的签字，存有过错，应对因其过错造成的损失承担赔偿责任。招商银行辩称，涉案争议发生在金兄弟珠宝公司与快钱支付公司之间，不应牵涉招商银行与持卡人。招商银行依约负有保障持卡人用卡权益及财产安全的义务，持卡人李著某有充分证据证明其根本不可能进行涉案交易。招商银行无法确认本案所涉交易使用的POS机设备的合法性及有效性。金兄弟公司未提供涉案交易的录像以证明交易的真实性。

【裁判结果】

上海市浦东新区人民法院认为，本案系争纠纷由伪卡盗刷所引发，争议焦点为三方在系争交易过程中是否存在违约行为，进而为此如何承担违约责任。招商银行系涉案信用卡的发卡行，负有保障用卡安全的合同义务，应当为本案系争伪卡盗刷的损失承担违约责任，其制发的信用卡以及开发的交易系统存在技术缺陷，导致信用卡被伪造且未能识别，是交易损失产生的根本原因，应承担主要责任。快钱支付公司作为本案系争信用卡交易的收单机构，在为金兄弟珠宝公司登记银联入网信息时未如实设置“交易商户类型”，构成收单机构严重违规，影响了发卡行采取与类型相对应的风险管控措施，也增大了特约商户被退单的风险，应承担次要责任。金兄弟公司作为特约商户在信用卡交易中负有审核持卡人真实身份和信用卡真伪的义务，其审核标准应理解为与特约商户收银员职业要求相符的善良管理人的谨慎注意义务。金兄弟公司自认未按《快钱电子支付服务协议》约定查验持卡人身份证件，且未按约保存交易录像资料，导致持卡人身份未被识别以及相关事实无法进一步查明，亦应承担次要责任。因此，法院认定招商银行、快钱支付公司、金兄弟珠宝公司对本案损失应当分别承担40%、30%、30%的责任，并据此作出判决。

【典型意义】

创新驱动是推动长江经济带产业转型升级的重要引擎，金融创新是其中尤为重要的一环。在现代金融交易模式专业化、交易环节复杂化、交易主体多元化的趋势下，对金融领域基础性、代表性问题作出公正、合理的司法裁判是服务和保障长江经济带金融市场稳定、有序发展的现实需要。本案是较为典型的由信用卡伪卡盗刷引发的金融赔偿案件，涉及多金融合同、多交易主体和多交易环节。本案在相关金融立法尚不充分的背景下，依法公正分配各方责任，妥善处理了此类金融赔偿纠纷，为明确相关交易规则起到了较好的示范和引领作用。

案例八

制定重整计划平衡多方利益　促进潜力企业重获新生机会

——展唐通讯科技（上海）股份有限公司破产重整案

【基本案情】

展唐通讯科技（上海）股份有限公司（以下简称展唐公司）成立于2007年9月12日，2013年5月10日改制为外商投资股份有限公司，主要从事与电子通信相关的技术和软件产品的研发、技术转让等业务，注册资本为人民币8000万元。2014年2月19日，展唐公司在全国中小企业股份转让系统挂牌。2015年底，展唐公司因运营商市场低迷发生资金链断裂，大量员工离职，负债累累。2017年1月24日，浙江福特资产管理股份有限公司（以下简称福特公司）收购展唐公司60%股份，成为展唐公司控股股东。2017年3月，债权人杨某某以展唐公司不能清偿到期债务，但又具有通过重整获得新生的可能为由，向上海市徐汇区人民法院申请对展唐公司进行破产重整。该院经审查，于2017年4月7日裁定受理，并在一级管理人名册中通过摇号方式及利益冲突审查，指定上海邦信阳中建中汇律师事务所担任管理人。

2017年9月6日，展唐公司第一次债权人会议召开。会议核查了管理人提交的《债权表》，并通过了《展唐公司财产管理方案》。管理人发布公告，公开招募投资人，但除福特公司外并无其他意向投资人。2017年10月10日，法院裁定重整计划草案提交期限延长至2018年1月7日。2017年10月26日，展唐公司第二次债权人会议召开，管理人向会议提交《展唐公司重整计划草案》《债权人会议表决规则议案》，会议表决通过了《债权人会议表决规则议案》。根据该表决议案，债权人会议采用现场表决与书面表决（电子表决）相结合的方式。会上，职工债权组、出资人组均表决通过了《展唐公司重整计划草案》，但普通债权组未表决通过《展唐公司重整计划草案》。经和投资人商议，管理人将《展唐公司重整计划草案》中的投资款提高至人民币1000万元，并提交展唐公司第三次债权人会议审议。经分组表决，各表决组均通过了《展唐公司重整计划草案》。

【裁判结果】

上海市徐汇区人民法院裁定确认上海银行股份有限公司漕河泾支行等33户债权人的债权，其中，展唐公司职工债权和社保债权全额受偿；普通债权人民币5万元以下予以100%清偿，人民币5万元以上至100万元按照20%的比例予以清偿，人民币100万元以上按照12%比例予以清偿。在重整计划草案经批准后六个月内以现金方式清偿完毕。重整计划草案符合法律规定，且表决程序、表决结果符合企业破产法有关通过重整计划的规定。法院于2017年11月23日裁定批准展唐公司重整计划并终止展唐公司重整程序，于2018年12月18日裁定确认重整计划执行完毕并终结展唐公司破产程序。展唐公司遂在新三板恢复挂牌交易。

【典型意义】

加强破产审判工作，完善市场主体救治和退出机制，特别是注重发挥破产预防和救治功能，对于暂时经营困难但适应市场尚有发展潜力和经营价值的企业，综合运用重整、和解等手段进行拯救，促使企业恢复信用和活力，正是法院主动服务和保障长江经济带发展进程的体现。本案是全国首例新三板企业破产重整案件。本案债务人系上海企业，战略投资人系浙江企业，债权人大多为长三角地区企业。重整计划草案的制定及设计，注重了投资人、债权人、出资人、职工等各方利益的平衡，最终获得债权人会议高票通过。本案办理过程中遵循市场化重整规则，既维护了广大职工利益，保护了银行债权，同时又给公司以转变经营理念、淘汰落后产能、进行业务调整并涅槃重生的机会，具有较大的社会价值。

案例九

依法保护未注册驰名商标权　促进市场主体诚信合法经营

——拉菲罗斯柴尔德酒庄诉上海保醇实业发展有限公司等侵害商标权纠纷案

【基本案情】

原告拉菲罗斯柴尔德酒庄是世界闻名的葡萄酒制造商，在中国消费者群体中具有极高的知名度。1997 年 10 月 28 日，原告在葡萄酒商品上的“LAFITE”商标在中国获准注册。“拉菲”作为“LAFITE”的音译，经过在中国的大量宣传和使用，已经与原告以及其所生产的葡萄酒商品形成稳定的、唯一的对应关系。2015 年 5 月，原告发现被告上海保醇实业发展有限公司（以下简称保醇公司）、保正（上海）供应链管理股份有限公司（以下简称保正公司）在进口、销售原告所产葡萄酒的同时，自 2011 年起持续进口、销售带有“CHATEAU MORON LAFITTE”“拉菲特庄园”标识的葡萄酒，且保正公司故意为保醇公司的侵权行为提供物流、仓储等便利条件。原告认为，涉案葡萄酒酒瓶瓶贴正标上使用的“CHATEAU MORON LAFITTE”与“LAFITE”商标构成近似；背标上使用的“拉菲特”，与中国消费者广为知晓的“LAFITE”商标的音译“拉菲”构成近似。鉴于侵权行为发生时“拉菲”还未被核准注册，故“拉菲”应被认定为未注册驰名商标。保醇公司、保正公司的行为共同侵犯了原告就涉案注册商标“LAFITE”和未注册驰名商标“拉菲”享有的合法商标权益，应承担连带赔偿责任。因此，原告提起诉讼，请求法院判令保醇公司、保正公司停止侵权、在《中国工商报》上刊登声明消除影响，并连带赔偿原告经济损失以及为制止侵权行为支付的合理支出共计人民币 500 万元。

被告保醇公司、保正公司共同辩称：1. “拉菲”远未达到未注册驰名商标的程度，原告要求认定“拉菲”为驰名商标的主张不能成立，法院对此不应亦没有必要予以认定。2. 被诉侵权葡萄酒瓶贴上使用的“CHATEAU MORON LAFITTE”商标是法国的有效注册商标，该商标与涉案注册商标“LAFITE”既不相同也不近似，不会使消费者对商品的来源产生混淆，故不构成对“LAFITE”商标权的侵犯。3. 保正公司仅为保醇公司提供运输和仓储服务，两被告的业务完全独立，保正公司不存在侵权行为。4. 即使法院认定保醇公司构成侵权，因其实际销售的被诉侵权商品仅为6394瓶，销售亦主要以批发为主，扣除税收、仓储费用、销售成本等，获利极其有限，原告主张的赔偿金额过高。综上，保醇公司、保正公司请求法院驳回原告的诉讼请求。

【裁判结果】

上海知识产权法院认为，本案被诉侵权行为发生的时间早于原告取得“拉菲”商标专用权的时间，故对于与“拉菲”有关的被诉侵权行为是否成立的相关判断必须以“拉菲”在被诉侵权行为发生时是否属于未注册驰名商标作为事实依据。因此，本案中有必要对“拉菲”是否属于未注册驰名商标予以认定。根据本案相关事实，足以证明我国相关公众通常以“拉菲”指代原告的“LAFITE”商标，并且“拉菲”已经与“LAFITE”商标之间形成了稳定的对应关系，在被诉侵权行为发生前“拉菲”已为中国境内相关公众广为知晓，“拉菲”可以被认定为未注册驰名商标。

被诉侵权葡萄酒酒瓶瓶贴正标上突出使用的“MORON LAFITTE”标识在我国侵犯了原告的“LAFITE”注册商标专用权，保醇公司在酒瓶瓶贴背标上使用的“拉菲特”标识侵犯了原告未注册驰名商标“拉菲”的商标权利。保醇公司进口并销售侵权葡萄酒的行为构成商标侵权，且主观恶意明显。保正公司明知保醇公司的侵权事实，仍为其提供物流、仓储等便利条件，构成帮助侵权。因此，保醇公司、保正公司依法应当承担停止侵权、消除影响、赔偿损失等民事责任。

关于侵权赔偿数额，鉴于原告因被侵权所受到的实际损失、保醇公司和保正公司因侵权所获得的利益以及注册商标许可使用费均难以确定，故法院结合原告未注册商标的驰名程度及其显著性，保醇公司和保正公司实施侵权行为的主观恶意，保醇公司和保正公司的侵权持续时间、侵权规模，侵权葡萄酒的销售情况，进口单价与销售价格之间的差价，以及原告为本案诉讼所支出的合理费用等因素，酌情确定经济损失及合理费用的赔偿数额。据此法院作出判决：一、保醇公司、保正公司立即停止对原告享有的第1122916号“LAFITE”注册商标专用权的侵害；二、保醇公司、保正公司立即停止使用与“拉菲”近似的“拉菲特”标识；三、保醇公司、保正公司应于判决生效之日起三十日内在《中国工商报》上刊登声明，消除因商标侵权行为对原告造成的影响；四、保醇公司、保正公司应于判决生效之日起十日内共同赔偿原告包括合理费用在内的经济损失人民币200万元；五、驳回原告的其余诉讼请求。

【典型意义】

良好的法治环境是长江经济带发展顺利推进的重要保障，如何在涉外知识产权案件审判中准确适用我国缔结或参加的国际条约、国际公约及中外法律，平等保护中外当事人合法权益，营造长江经济带法治化、国际化的投资营商环境，是法院充分发挥审判职能作用，服务保障长江经济带发展的着力点和要求。

本案系上海法院首例认定未注册驰名商标的案件，并入选2017年中国法院50件典型知识产权案例。本案所涉商标的权利人是世界闻名的葡萄酒制造商法国拉菲罗斯柴尔德酒庄，在中国消费者群体中具有极高的知名度。本案对“拉菲”商标属于未注册驰名商标作出准确认定，对于司法实践中未注册驰名商标侵权案件的审理具有一定的指导作用和借鉴意义。同时，本案的处理也有利于规范我国进口葡萄酒市场，引导葡萄酒进口企业的诚信经营行为。

案例十

准确认定涉外仲裁协议效力　营造良好国际投资营商环境

——美克斯海洋工程设备股份有限公司申请确认仲裁协议效力案

【基本案情】

2015年6月，美克斯海洋工程设备股份有限公司（以下简称美克斯公司）与上海佳船机械设备进出口有限公司（以下简称佳船公司）、江苏大津重工有限公司（以下简称大津公司）在中国签署《海上自升式工作平台船舶建造合同》，买方为美克斯公司或其指定方，卖方为佳船公司、大津公司。合同约定涉案船舶入美国船级社（ABS），按照美国船级社（ABS）特别检验的规则及规范建造；船舶应当遵守马绍尔群岛监管机构的法律、法规、要求和建议；该船在交付和验收后的三十日内，须由买方在船旗国注册或临时注册。还约定涉案合同应当依照英国法律管辖并解释，因该合同引发或与该合同相关的一切争议，包括合同存续、效力或终止，均应根据伦敦海事仲裁委员会仲裁规则在伦敦最终仲裁裁决，伦敦海事仲裁委员会仲裁规则视为本条款的组成部分，双方同意本合同任一条款和条款任一部分的效力和含义应受英国法律管辖和解释。各方另签订了备忘录，约定买方会在中国境外成立全资子公司，并将建造合同转让给单船公司。

美克斯公司诉称，涉案合同当事人均为中国境内法人，船舶建造在中国境内进行，与合同相关的法律事实均在中国境内发生，该合同并不具有《中华人民共和国民事诉讼法》以及相关司法解释中规定的涉外因素，故申请确认涉案合同中的仲裁条款无效。住船公司、大津公司则请求确认涉案仲裁协议有效。

【裁判结果】

上海海事法院认为，首先，涉案合同标的为一般根据美国船级社检验规则建造的，拟入美国船级社的国际航行船舶。船舶的建造、交接、入级和加入船旗国等内容均与境外有多个连接点，尤其是加入马绍尔群岛船旗国，须以在马绍尔群岛设立公司为前提条件。以上要素足以认定涉案纠纷属于我国法律规定的“可以认定为涉外民事案件的其他情形”，为涉外民事关系。其次，合同约定其任一条款和条款任一部分的效力和含义应受英国法律管辖和解释。可见合同各方约定合同中仲裁条款的效力问题应适用英国法律进行认定，即便当事人未能有效选择仲裁协议的适用法律，根据《中华人民共和国涉外民事关系法律适用法》第十八条的规定，应适用仲裁机构所在地法律或者仲裁地法律，同样指向英国法律。涉案仲裁协议的效力认定应适用英国法律。最后，《英国1996年仲裁法》第1.（b）规定，当事人可以自由选择争议解决方式，仅受限于充分保障社会公共利益的需要；第5.（1）规定，本编仅适用于仲裁协议为书面形式的情形……。本案各方当事人就涉案仲裁达成了书面的、意思明确的仲裁协议，在申请人未提交任何证据以证明涉案仲裁协议存在侵害社会公共利益，或存在其他可致该协议无效情形的情况下，涉案仲裁协议应认定为有效。

综上，上海海事法院裁定涉案《海上自升式工作平台船舶建造合同》中的仲裁协议条款有效。

【典型意义】

良好的法治环境是长江经济带发展顺利推进的重要保障。营造长江经济带法治化、国际化、便利化的投资营商环境，具有涉外因素的案件不仅需要准确适用国内法律，还需要适用我国缔结或参与的国际条约、国际公约乃至外国法律，尊重国际金融、贸易、航运等领域的传统与习惯，平等保护中外当事人合法权益。

从最高人民法院司法观点的演进可以看出，在坚持主体、客体和内容之一涉外的基础上，在认定“涉外案件的其他情形”时已经呈现出适当放开的倾向，其中“促进国际商事海事仲裁”“自贸区先行先试”“禁止反言、诚实信用”等关键词均可支持这一推断。随着我国经济逐步融入世界经济体系，从国家层面也正致力于进一步加大营商环境优化力度。上海在致力于“五个中心”建设过程中，更应对标国际最高标准，先行先试、勇于创新，以保障营商法治环境、促进国际海事商事仲裁发展为目标，在认定涉外仲裁协议效力这一问题上逐步采取更为积极、包容和开放的司法理念。

［司法实务问题研究］

加强家事裁判文书说理研究 促进家事审判三个效果统一*

胡云腾**

家事裁判文书说理改革是家事审判制度改革的重要方面，其要义是把握家事案件和家事审判的特殊性，彰显家事裁判文书的亲和力和温度，增强家事裁判结论的可感受性和可接受性，促进家事审判活动政治效果、法律效果和社会效果的有机统一。下面谈几点初步认识。

一、深刻认识家事裁判文书说理改革的重要性

加强裁判文书说理，是党中央部署的司法改革举措之一。习近平总书记对政法工作如何做到情理法统一问题提出了明确要求，他说："法律并不是冷冰冰的条文，背后有情有义。要坚持以法为据、以理服人、以情感人，既要义正辞严讲清'法理'，又要循循善诱讲明'事理'，感同身受讲透'情理'，让当事人胜败皆明、心服口服。"这一明确要求对家事裁判文书说理尤其具有指导意义。家事审判活动关涉百万家庭的幸福和谐，家事裁判文书是家事审判活动的最终司法产品，也是家事审判改革的着力点之一，是彰显司法公正和司法文明最重要的成果载体。法官制作的家事裁判文书能不能做到"义正辞严讲清

* 本文根据胡云腾大法官在"铁人杯"有奖征文、家事裁判文书说理有奖征文暨家事裁判文书说理论坛上的讲话整理，原载《人民司法》2019年第25期。

** 作者单位：最高人民法院。

'法理'""循循善诱讲明'事理'""感同身受讲透'情理'"，不但对当事人的服判息诉和家庭幸福有直接影响，而且对整个社会风尚都可能产生重要的引领作用，还可能直接影响到人民群众对法院工作的整体评价。因此，我们要深刻认识到家事裁判文书说理的重要性，努力制作更多的事理清晰、法理严明、情理温馨、学理坚实和说理充分的家事裁判文书。

二、清醒认识当前家事裁判文书说理中存在的突出问题

据笔者不全面的了解，当前家事裁判文书说理中存在的问题主要有以下几方面。

一是法官不愿说理。一些法官对裁判文书说理的态度不够端正，导致许多家事裁判文书说理的模式化很严重。如针对离婚、给付抚养费等不同类型案件的不同结果固守单一的说理模式，许多法官在写裁判文书的时候，基本不进行说理，只是变更当事人的信息即算完成了工作任务，当事人很难从裁判文书中看到裁判的理由和法官对纠纷的态度。

二是法官不敢说理。这源于法官对审理家事案件的担当精神不够，也是家事裁判文书说理中比较常见的现象，主要表现在：一些裁判文书对案件的是非曲直含糊其词，对双方的对错态度表现暧昧，有的只是简单地罗列证据，怕言多必失或说理不当惹麻烦；有的不敢旗帜鲜明地弘扬社会主义婚姻家庭观念。

三是法官不会说理。这主要是由于法官对裁判文书说理的能力不足。家事裁判文书的说理应当符合具体案情，符合双方当事人的特点，用当事人能够明白、认同的道理，用当事人能够听懂的语言，符合百姓之间的常理、常情，符合人民群众的公平正义观念。

四是法官说理不当。这源于法官对裁判文书如何说理认识有误。裁判文书说理也要坚持以事实为根据，以法律为准绳，围绕争议焦点和裁判主文进行，不得抛开主题信马由缰或无端畅想。前几年出现了个别法官引用宗教语言和大段诗词歌赋对裁判文书进行说理的现象，此类裁判文书之所以被社会公众诟病为"奇葩"裁判文书，就是因为法官把裁判文书说理当作是个人可以任意发挥的抒情作文，乱说理也属于很不严肃的司法行为。

三、认真解决影响家事裁判文书说理的制约因素

当前家事裁判文书说理之所以存在诸多突出问题，是因为存在很多制约因

素，需要认真研究解决。

一是案多人少压力对裁判文书说理的制约。当前各级人民法院面临的最大的问题就是案多人少，广大法官尤其是基层法院的法官，办案压力非常之大，很多法官都得晚上加班写判决，常年处于“案子多得办不完，哪有功夫说法理”的状态。在这种情况下，要求法官琢磨裁判文书理由就成为很多法官不能承受之重。因此，许多法官为了完成办案任务，完成考核指标，在不得已的情况下就采取了套用裁判文书格式简要说理或者不说理的方式应付。

二是说理资源贫乏对裁判文书说理的制约。裁判文书说理虽然是法官说出来的，但其说理素材的重要来源却是当事人、其他诉讼参与人和法律职业共同体。笔者认为，裁判文书之理中的相当一部分应当是法官听当事人说出来的，而不是法官自己凭空想出来的，所以我国古代把诉讼叫“听讼”，而不叫“说讼”，西方国家的司法审判也讨厌法官喋喋不休。因此，如果一个社会可供裁判文书说理的资源匮乏，法官说理就会成为无米之炊。具体而言，首先，是当事人诉讼能力不足对裁判说理的制约。裁判说理中相当重要的来源是诉讼双方当事人的说理，有些当事人几乎完全说不清楚自己有什么道理，法官说理当然在一定程度上也就成了无源之水。其次，是诉讼代理人诉讼能力不足对裁判文书说理的制约。许多家事案件很难有高水平的律师代理参与，一些诉讼代理人既不会说理也不重视说理，说理都需要靠法官去代为冥思苦想，裁判文书说理自然难以充分。最后，是理论研究不到位对裁判文书说理的制约。法学理论界对家事裁判文书说理研究得还不够深入，相关的成果还不够多，使得家事裁判文书说理缺乏理论成果的必要支撑。

三是改革配套措施不到位对裁判文书说理的制约。从现有的司法解释或规范性文件看，它们对家事裁判的特殊性、针对性和规范性规定得还不够明确具体，对家事裁判文书说理的单独规定更是付诸阙如，各级人民法院聚焦家事裁判文书说理的有效业务培训和具体指导做得也不够充分，最高人民法院发布的相关典型案例特别是指导性案例，还远远不能适应家事审判工作的需要。同时，家事裁判文书说理的权威的评价机制也未建立健全。

四是法官对裁判说理的思想认识不到位的制约。有的法官还存在“只要裁判公正，说理无关紧要”的片面认识，把裁判说理作为软任务、软指标；有的法官认为，“理在法中已自明，何须法官费口舌”，简单地把引用法条和司法解释的规定当作裁判说理；有的法官把自己的认知水平当成当事人的认知水平，以为自己明白的道理老百姓也已经明白，以为当事人会像法官一样知晓和认识判决文书中的理。

五是家事裁判文书说理本身难度大、学问大的制约。古人云，“清官难断家务事”，说明家庭内部的矛盾纠纷处理更难。难就难在家庭内部的矛盾纠纷和社会上的矛盾纠纷是不同的，家庭内部的是非曲直与社会上的是非曲直也是不同的，家庭内部矛盾纠纷的处理方式与其他矛盾纠纷的处理方式更是不同的，等等。正是由于家事矛盾纠纷及其处理方式有其特殊性，决定了家事裁判文书说理的重要性。人民法院的家事裁判，解决的就是家务事和家庭矛盾纠纷，讲的就是家庭之中的理，我们要把握家事矛盾纠纷的特殊性，把握家事裁判说理的特殊性。

四、多措并举，不断提高家事裁判文书说理水平

一要加强法治宣传，切实提高对家事裁判文书说理重要性的认识。要以落实“努力让人民群众在每一个司法案件中感受到公平正义”的工作目标为出发点和落脚点，充分认识家事裁判文书说理对于提升司法公正、司法公信和司法权威的重要意义，对于实质性地化解矛盾纠纷、实现案结事了的重要意义，以及对于促进家庭和谐文明的重要意义。

二要加强业务培训。各级法院要针对家事审判工作需要，深化家事审判改革，多组织法官参加家事审判业务培训，全面提高家事审判法官的裁判文书说理水平。国家法官学院及其分院应当结合实际对家事法官开展各种形式的业务培训，通过教育培训，促进广大法官改进家事审判方式，提高家事案件审判法官的庭审驾驭能力、证据分析和判断能力、法律适用能力和裁判文书说理能力等。

三要推动家事裁判文书改革落地见效。笔者认为，要抓紧建立健全家事裁判文书说理的指导性案例和典型案例发布机制；建立健全家事裁判文书说理考核评查机制；建立健全家事裁判文书说理评价奖惩机制。在广大家事审判法官中形成浓厚的切磋业务问题氛围，鼓励法官以积极的心态和科学的方式探索家事审判中的疑难问题，探索家事裁判文书写作的特殊性和规律性，帮助家事审判法官开阔专业视野，提升司法能力水平，掌握家事审判说理技能和方法。

四要推动法学理论界加强家事裁判文书说理问题的研究，为提高家事裁判文书说理水平提供强大的智力支持。提高家事裁判文书说理水平，需要理论研

究先行，理论成果真行。广大家事法官要主动与专家学者联手，认真学习、应用最新理论研究成果。也希望各位法学专家特别是婚姻法学界的专家同仁们把深入推进家事审判制度机制改革和提高家事裁判文书说理能力作为一个重点研究的课题，集中研究家事案件法律关系的特殊性、家事案件审判活动的特殊性、家事裁判文书说理的特殊性和家事审判法官资质与能力的特殊性，以及家事审判与少年审判有机结合的必要性和可行性等，积极为人民法院探索构建中国特色的社会主义家事审判组织体系、制度体系、机制体系和理论体系，贡献更多的智慧和力量。

最后，让我们坚持以习近平新时代中国特色社会主义思想为指引，深入学习贯彻党的十九大精神，乘不忘初心，牢记使命主题教育的东风，求真务实，开拓进取，以钉钉子精神，持续推动中国应用法学研究不断深入，持续推进家事审判方式和工作机制改革不断深入，持续推进家事裁判文书说理改革不断深入，促进家事审判政治效果、法律效果和社会效果的统一，为实现“努力让人民群众在每一个司法案件中感受到公平正义”的工作目标，作出应有的贡献！

规制管辖权异议滥用探讨

郝绍彬* 张 博**

内容摘要 当事人以管辖权异议为由恶意拖延诉讼，损害其他当事人的诉讼权利，浪费了有限的司法资源。建议总结基层治理经验，及时依法处罚滥用管辖权异议的当事人，完善管辖权异议证据审查程序，探索建立庭前会议管辖权释明承诺确认制，探索设立部分案件管辖权异议一裁终局制，探索建立管辖权异议“黑名单”制度等多种措施，强化综合治理防范管辖权异议的滥用。

* 作者单位：重庆市第五中级人民法院。

** 作者单位：重庆市合川区人民法院。

管辖权异议制度设计的初衷是为了保护当事人行使诉讼权利，赋予当事人管辖权一定的救济权利，是实现司法公平正义的必然要求。司法实务中，部分当事人为了达到某种目的，恶意多次向人民法院提出管辖权异议，以期拖延审理的行为时有发生。当事人以法律赋予其管辖权异议的权利为“挡箭牌”“护身符”，致使审理期限遭受恶意拖延，严重损害司法权威。建议总结基层治理经验，采取及时依法处罚滥用管辖权异议的当事人，完善管辖权异议证据审查程序，探索建立庭前会议管辖权释明承诺确认制，探索设立部分案件管辖权异议一裁终局制，探索建立管辖权异议“黑名单”制度等多种措施，强化综合治理防范管辖权异议的滥用。

一、及时依法处罚滥用管辖权异议的当事人

民事诉讼应当遵循诚实信用原则，当事人不得实施迟延或拖延诉讼的行为或干扰诉讼的进行，应协助法院有效率地进行诉讼。根据民事诉讼法第十三条第一款规定，民事诉讼应当遵循诚实信用原则。《最高人民法院关于适用〈中华人民共和国民事诉讼法〉的解释》第一百七十六条第一款第三项规定，其他扰乱法庭秩序，妨害审判活动进行的，应当根据民事诉讼法第一百一十条规定，可对诉讼参与人予以拘留、罚款。当事人滥用管辖权异议，浪费司法资源，妨碍了民事诉讼的正常进行，人民法院可依据上述规定对滥用管辖权异议的当事人予以处罚。安徽省肥西县人民法院日前针对恶意拖延诉讼多次提出管辖权异议的某建筑公司作出了罚款50万元的决定。此举不仅严厉打击了当事人恶意提管辖权异议拖延诉讼进程的嚣张气焰，还有力维护了法律的权威和严肃性。

二、完善管辖权异议证据审查程序

证据审查是确定管辖权异议是否成立的基本标准。根据民事诉讼法第一百二十七条规定，人民法院受理案件后，当事人对管辖权有异议的，应当在提交答辩状期间提出。人民法院对当事人提出的异议，应当审查。异议成立的，裁定移送有管辖权的人民法院；异议不成立的，裁定驳回。该条明确了当事人提出管辖权异议的时间及异议是否成立的不同审查处理结果，但并未明确审查的具体内容。在诉讼实务中，当事人提出的异议理由以拖延诉讼居多，不利于法

官对管辖权异议的快速审查，因此，明确管辖权异议审查的证据要件显得尤为必要。

当事人提交管辖权异议后，人民法院应当对当事人提交的相关异议证据及条件进行明确，以便后续更为及时有效地处理案件。如明确当事人提交申请书的内容及应当提交当事人认为应当由某法院管辖的证据和依据等；明确不予审查的条件及处理办法：如对上级法院指定管辖的、其他法院移送管辖的案件等不能再提管辖异议。

若发现当事人提出管辖权异议被驳回后，又就同类其他案件反复向同一人民法院提出管辖权异议的，被告在异议中虚构被告住所地、合同履行地、合同签订地、原告住所地、标的物所在地等与争议有实际联系的地点和事由的，原告与被告在书面协议中明确约定管辖法院的，且不违反级别管辖和专属管辖规定，被告针对约定的管辖提出管辖权异议的。对于此类案件，应当及时将不予审查的结果告知当事人。当事人仍然坚持提出异议的，应当依照滥用管辖异议的有关规定进行处罚。

三、探索建立庭前会议管辖权释明承诺确认制

民事诉讼法的审理前的准备程序和《最高人民法院关于适用〈中华人民共和国民事诉讼法〉的解释》第二百二十四条、第二百二十五条对庭前会议及庭前会议的内容进行了较为详细的规定，包括明确原告的诉讼请求和被告的答辩意见；审查处理当事人增加变更诉讼请求的申请和提出反诉，以及第三人提出的与本案有关的诉讼请求……归纳争议焦点；进行调解；等等。该条款旨在审前程序明确当事人诉求。

人民法院在该程序中引入管辖权主动释明制度，明确原被告的管辖意思表示，可以有效地节约司法成本，提高诉讼效率。在庭前会议中，若当事人表示对管辖权有异议，法官可就异议理由及证据进行审查，如异议成立，及时移送有管辖权法院审理，并将该结果告知当事人；异议不成立的，及时向当事人尤其是异议人说明异议不成立的理由，并记录在卷。若当事人坚持提出书面异议的，按照有关法律规定办理。若当事人明确表示对管辖无异议，人民法院可将当事人无异议的意思表示记录在卷，并予以确认。当事人对人民法院的管辖权无异议后，又以其他理由提出管辖权异议的，法院有权不予处理或直接予以处罚。

四、探索设立部分案件管辖权异议一裁终局制

《最高人民法院关于适用〈中华人民共和国民事诉讼法〉的解释》第二百八十七条规定，当事人对小额诉讼案件提出管辖权异议的，人民法院应当作出裁定。裁定一经作出即生效。该规定明确在小额诉讼程序中，当事人提出管辖权异议的，人民法院作出的裁决是终局性的，这也是对设立部分案件管辖权异议一裁终局制的有益借鉴。

管辖权是一种司法权，具有法定性。在合同纠纷案件中，该类案件存在多个法院管辖的情况，一旦起诉一方当事人对管辖法院作出选择后，或者专属管辖，此类管辖法院其实已经法定，管辖权争议的实质是司法权争议，而非当事人与当事人、当事人与法院之间的对抗。如劳动争议案件、约定管辖案件、级别管辖和专属管辖案件，此类案件的管辖法院基本上是恒定的，如果允许由当事人随意提出管辖权异议，那么法律的权威性和公信力必将大受损害，也不利于司法权威的维护，因此，设立部分案件管辖权异议一裁终局制显得尤为必要。

五、探索建立管辖权异议“黑名单”制度

在社会主义诚信体系建设过程中，“黑名单”制度的诞生加速了诚信体系建设规制和完善。如执行中的“失信被执行人”制度、火车上逃票霸座“黑名单”制度、招标、投标“黑名单”制度在实践中对案件当事人形成强有力的震慑作用。参照执行中的“失信被执行人”制度，探索建立管辖权异议“黑名单”制度，将恶意利用管辖权异议当事人列入“黑名单”，并将其及时录入信用平台，加大各级法院之间数据共享，形成合力，对滥用管辖权异议的当事人给以强有力的打击。

同时，在诉讼实务中，诉讼代理人违反职业道德引导或参与当事人滥用管辖权异议的案件时有发生，若发现诉讼代理人在诉讼过程中滥用管辖权异议，意图恶意拖延诉讼时间，严重损害当事人合法权益的行为，人民法院应当主动作为，敢于向滥用管辖权异议的当事人说不，及时有效地对滥用管辖权异议的诉讼代理人采取拘留罚款措施和信用惩戒措施，并向有关单位提出司法建议，强化综合治理防范管辖权异议的滥用，切实维护司法权威。

[新类型疑难案例选评]

中国农业银行股份有限公司重庆江津支行诉古某某、钟某某、兰某某、何某金融借款合同纠纷案[①]

陈 健 张 迁*

【裁判要旨】

金融借款合同纠纷中，贷（借）款合同中约定未按约定期限归还借款本金的，要计收罚息和复利，罚息和复利均为具有惩罚性质的违约责任，以贷（借）款期限内借款利息加之逾期产生的罚息为基数计收复利系双重惩罚，故金融借款合同纠纷中复利的计算基数不应该包括罚息。

【基本案情】

原告：中国农业银行股份有限公司重庆江津支行（以下简称农行江津支行）。

被告：古某某、钟某某、兰某某、何某。

重庆市江津区人民法院经审理认定事实如下：2015年2月3日，原告农行江津支行作为贷款人，被告古某某作为借款人，被告兰某某、何某作为多户联保担保人，共同签订《农户贷款借款合同》，约定：借款金额/可循环借款额

① 案例索引：（2019）渝0116民初1324号。

* 作者单位：重庆市江津区人民法院。

度50000元，用款方式为可循环方式，自2015年2月3日起至2018年2月2日（额度有效期）止，借款人可在约定的可循环借款额度内向贷款人申请借款，单笔借款期限最长不超过1年，自助循环借款额度50000元；借款用途养猪；借款利率以借款当日中国人民银行同期同档次人民币贷款基准利率为基础上浮30%确定，1年期以内（含）的借款执行固定利率；到期一次性归还借款本息，利随本清；担保方式为最高额保证担保，担保的债务最高余额为150000元，担保的范围包括借款本金、利息、罚息、复利、违约金、损害赔偿金、诉讼费、律师费等贷款人实现债权和担保权的一切费用，保证方式为连带责任保证，保证期间为借款期限届满之日起二年；未按约定期限归还借款本金的，贷款人对逾期借款从逾期之日起在借款执行利率基础上上浮50%计收罚息，直至本息清偿为止；对应付未付利息，贷款人依据中国人民银行规定计收复利。合同另对其他事项进行了约定。《农户贷款借款合同》执行的利率为年利率5.655%。2017年1月6日，原告农行江津支行根据被告古某某的申请向其发放贷款50000元，到期日期为2018年1月5日。被告古某某、钟某某皆在《农户小额贷款业务申请表》上“（共同）申请人及配偶签字”栏签名按手印，被告兰某某、何某在“保证人（自然人保证）签字”栏签名按手印。被告古某某与被告钟某某于1986年8月23日登记结婚。截至2018年12月29日，被告古某某未归还借款本金45000元，未支付正常利息2866.77元，未支付罚息3898.42元、未支付复利241.14元。

【裁判结果】

重庆市江津区人民法院经审理认为，原、被告自愿签订《农户贷款借款合同》，系其真实意思表示，未违反法律、行政法规的强制性规定，合法有效。原告农行江津支行按约向被告古某某发放了贷款，被告古某某应按约定的期限归还贷款并支付利息。逾期未归还，构成违约，应承担继续履行及支付罚息、复利的违约责任。故对原告农行江津支行请求被告古某某归还借款本金、支付利息、罚息、复利的请求，本院予以支持。原告农行江津支行主张2018年12月30日之后的复利以所欠正常利息与罚息为基数进行计算，本院认为，《人民币利率管理规定》第二十一条规定“对贷款期内不能按期支付的利息按合同利率按季计收复利，贷款逾期后改按罚息利率计收复利”，其中应当计算复利的利息指的是贷款期内不能按期支付的利息，而并非是对贷款逾期后的逾期利息计算复利。《关于人民币贷款利率有关问题的通知》第三条规定“对逾期或未按合同约定用途使用借款的贷款，从逾期或未按合同约定用途使用贷款之日起，按罚息利率计收利息，直至清偿本息为止，对不能按时支付的利息，按罚息利率计收复利”，只是规定了逾期利息和复利的计算标准，同样不能得出对于逾期利息应当计算复利的结论，且《农户贷款借款合同》第六条6.2明确约定“对应付未付利息，贷款人依据中国人民银行规定计收复利”。逾期产生的“罚息”已具有惩罚性质，再以此为基数计收复利有双重惩罚之嫌，对借款人明显不公。为此，本院认为2018年12月30日之后的复利计算的基数应以应付未付的正常利息为准，不应包括罚息。被告钟某某在《农户小额贷款业务申请表》上“（共同）申请人及配偶签字”栏签名按手印，系对该借款表示认同，故该借款属于夫妻关系存续期间的共同债务，应对借款承担共同偿还责任。被告兰某某、何某自愿为案涉借款提供连带保证担保，在债务人不清偿债务的情形下，应按约承担连带清偿责任。根据《农户贷款借款合同》的约定，保证期间为借款期限届满之日起两年，案涉借款届满日为2018年1月5日，原告农行江津支行提起本案诉讼未超过保证期间，故对被告兰某某辩称保证期限已过，不应承担责任的抗辩意见，本院不予采纳。为此重庆市江津区人民法院判决被告古某某偿还原告中国农业银行股份有限公司重庆江津支行借款本金、利息、罚息、复利等；被告钟某某对被告古某某的债务承担共同清偿责任；被告兰某某、何某对被告古某某的债务承担连带清偿责任。

法院宣判后，原、被告均未提起上诉。现该判决已发生法律效力。

［评析］

金融借款合同纠纷中复利的计算基数不应该包括罚息

关于金融借款合同纠纷中复利的计算基数是否应当包括罚息，有两种观点：第一种观点认为：罚息本质是逾期利息，法律并未明确规定不能加之罚息为基数计算复利，故可以对罚息计算复利。第二种观点认为：罚息与复利均具有惩罚性，以借款期限内借款利息加之罚息计算复利对同一违约行为进行双重惩罚明显不合理，故复利的计算基数不应该包括罚息。笔者赞同第二种观点，理由如下。

一、相关概念的厘清

利息乃商品经济发展的必然产物，利息问题在世界各国都具有普遍性以及特殊性，尤其在财产流转关系高度发达的今天，债权债务关系及利息之债的重要性不言而喻。

要解决该争议，首先得厘清利息、罚息、复利的含义及本质。利息，即金钱的孳息，是借款合同双方约定的因借款方使用借贷资金而支付给贷款人的一定数量的金钱。利息有广义和狭义之分，广义的利息包括借款期内的利息和逾期或违约产生的罚息等。狭义的利息仅指借款期内应支付的利息。罚息，是指借款人逾期归还借款本息时，支付给贷款人的超过正常借款利率的带有一定惩罚性的利息。罚息有逾期罚息和挪用罚息两类。复利是指贷款人将应得的利息加入本金再计算的利息，俗称“利滚利”。复利包括两种情况：一种是当事人双方约定履行迟延时，以履行期内本金和利息为原本，计算迟延期利息，即约定复利；另外一种是法律明确规定的债务人怠于支付该本金和利息而产生的利息，又叫法定复利。前者如债权人与债务人约定将利息计入本金再生利息的情况，后者如民事诉讼法第二百五十三条的规定：“被执行人未按判决、裁定和其他法律文书指定的期间履行给付金钱义务的，应当加倍支付迟延履行期间的债务利息。被执行人未按判决、裁定和其他法律文书指定的期间履行其他义务的，应当支付迟延履行金”；《人民币利率管理规定》第二十条规定的“对贷款期内不能按期支付的利息按贷款合同利率按季或按月计收复利，贷款逾期后改按罚息利率计收复利”等情形。基于复利能够快速扩大本金金额，有害公平交易，国际上多数国家立法对复利采取了相对禁止的原则。

从性质上讲，利息是一项合同权利义务，是贷款人出借资金应获得的一项收益，是借款人占用资金应承担的一项负担。罚息和复利并非合同权利义务，而是违反按期归还本息这一合同义务产生的违约责任，具有惩罚性。

二、对罚息计算复利不符合违约责任的构成要件

违约责任，也称违反合同的民事责任，是指合同当事人因违反合同义务所承担的责任。违约责任的构成要件，是指违约当事人应具备何种条件才应承担违约责任。违约责任的构成要件可分为一般构成要件和特殊构成要件。所谓一般构成要件，是指违约当事人承担任何违约责任形式都必须具备的要件。所谓

特殊构成要件，是指各种具体的违约责任形式所要求的责任构成要件。一般构成要件包括违约行为和不存在法定或约定的免责事由。

违约责任是民事主体违反合同义务而应承担的不利后果，其构成前提之一是存在违反合同义务的行为。借款人违反按期支付本息的合同义务，影响了贷款人获取收益权利的实现，造成了资金占用上的损失，而科以罚息和复利，符合违约责任的构成要件。借款人未支付罚息，在性质上并非是违反合同义务的行为，而是未承担违约责任。若因借款人未及时承担支付罚息这一具有惩罚性质的违约责任，而将罚息计入复利基数科以另一种具有惩罚性质的违约责任，不符合违约责任的构成要件，即依违约责任再追究违约责任会陷入无限循环的怪圈。

三、对罚息计算复利有违民事责任填补损失的原则

民事责任的功能在于对受害人提供补救，使受害人遭受的全部损失得到恢复。在一般情况下，民事责任必须要以受害人实际遭受损害为前提，行为人应当对受害人遭受的损害承担赔偿责任。同样。违约责任作为民事责任的一种，具有补偿性，作为违约责任主要形式的损害赔偿应当主要用于补偿受害人所遭受的损失，而不能将损害赔偿变为一种惩罚。受害人也不能因违约方承担责任而使其获得额外的不应获得的补偿，这从根本上说是平等、等价原则的体现，也是商品交易关系在法律上的内在要求。

相比刑事责任、行政责任基本目的是对违法行为人进行惩罚和制裁，民事责任以补偿为基本目的，原则上不具有惩罚性。民事责任以填补权利受到侵害产生的损失为原则，旨在恢复权利的圆满状态。在一定条件下，为达到惩罚和遏制不法行为等多种目的，允许给予一定的惩罚性赔偿，但应严格限制，坚持以补偿性为主，惩罚性为辅。坚持填补损失原则还体现在对同一违约行为不应给予双重惩罚。借款人未按期归还借款本息，已承担高额罚息和复利的责任，贷款人受到的损失已充分救济。若把罚息作为复利计算基数的一部分，实质上构成双重惩罚，责任过重，对借款人明显不公。另若允许对罚息计算复利，此种利滚利的不断积累会使借款人负担越来越重，有违民事责任填补损失的原则，也有违金融服务社会发展的初衷。

四、对合同关于复利条款的理解

中国人民银行《人民币利率管理规定》第二十一条规定“对贷款期内不

能按期支付的利息按合同利率按季计收复利，贷款逾期后改按罚息利率计收复利”，该条仅规定贷款逾期后复利利率的计算标准，而不能得出可对罚息计算复利的结论。《中国人民银行关于人民币贷款利率有关问题的通知》第三条规定“对逾期或未按合同约定用途使用借款的贷款，从逾期或未按合同约定用途使用贷款之日起，按罚息利率计收利息，直至清偿本息为止。对不能按时支付的利息，按罚息利率计收复利”，该条只规定了逾期利息和复利的计算标准，同样不能得出可对罚息计算复利的结论。金融借款合同是专业性较强的合同，应严格遵守《人民币利率管理规定》等监管规定。《人民币利率管理规定》中存在利息、罚息、复利等不同概念，各个概念具有明显不同的指代，在理解金融借款合同的条款时，应结合金融借款领域的行业规则和习惯来解释。本案中，从《农户贷款借款合同》的约定看，存在利息、罚息、复利等不同指称，“对应付未付利息，按中国人民银行规定计收复利”中“应付未付利息”的理解，应限定在借款期内应支付而未支付的利息，而不应扩大解释认为包括罚息。

关于银行贷款产生的逾期罚息是否应当计收复利的问题，现行法律、行政法规并无明确规定。实践中，在金融借款合同纠纷中，借贷双方所签订的贷款借款合同一般都是银行等金融机构提供的格式合同，借款人在申请贷款时并无选择的余地。合同中关于复利的约定都是格式条款，所以存在争议情况下应当适用格式条款的解释规则。根据合同法第四十一条关于“对格式条款有两种以上解释的，应当作出不利于提供格式条款一方的解释”的规定，就合同的理解应当作出对条款提供方即银行不利的解释，从而认定合同约定中的“未付利息”不包括逾期罚息，即案涉借款复利的计算基数应仅为借款期内未按期支付的利息。

上诉人翁某诉被上诉人张某、一审第三人某房地产经纪有限公司、孟某房屋买卖合同纠纷案[①]

高俊华*

【裁判要旨】

仅就损害赔偿而言，正式合同或预约合同并无差别；在“一房两卖”的情况下，参照涉案房屋最终出售的价格确定差价损失比另行寻找同期同类型房屋作参照更为合理；计算房屋差价时以争议房屋最终出售价格作为考虑因素较为合适。

【基本案情】

翁某欲购买登记在张某名下，坐落于海南省陵水县英州镇清水湾旅游度假区一栋房屋，委托其亲戚翁某某于2017年2月11日，与张某、某房地产经纪有限公司（以下简称中介公司）签订一份《房地产买卖居间协议》（以下简称“翁某合同”），约定总房价款为340万元，房款支付方式为：待签订本协议，翁某以转账方式支付定金20万元给张某作为首期房款；待翁某、张某双方在约定时间内来海南签订该房屋《商品房买卖合同》并办理过户手续，当翁某、张某双方在当地不动产登记部门办理该房屋的交接手续时，经不动产登记部门工作人员查验完该房屋过户的所有资料齐全完整并予以过户，翁某以转账的方式一次性支付给张某剩余房款320万元，张某在收到全部房款后在过户申请单上签字确认；第三条约定张某接受本协议第二条所述买卖条件并签订本协议

① 一审案号：（2018）琼96民初166号；二审案号：（2019）琼民终110号。

* 作者单位：海南省高级人民法院。

民事法律文件解读

的，翁某签订本协议后同意在当地不动产部门可以办理过户手续之日起 30 个工作日内与张某签订该房屋《商品房买卖合同》并办理产权过户手续。如果翁某未能履行本条所述事项，则已支付张某的定金不予返还；第四条约定翁某接受本协议第二条所述买卖条件并签订本协议的，张某签订本协议后同意在当地不动产部门可以办理过户手续之日起 30 个工作日内与翁某签订该房屋《商品房买卖合同》并办理产权过户手续。如果张某未能履行本条所述事项，则应向翁某双倍返还定金。协议签订后，翁某依约支付了 20 万元定金，张某于 2017 年 2 月 15 日出具收条。2017 年 4 月 7 日，张某向中介公司表达了不再继续履行“翁某合同”的意思表示，中介公司工作人员于 2017 年 4 月 8 日通过信息和微信方式向翁某、张某双方送达了《房屋买卖违约告知书》称：张某不愿意与翁某继续履行双方的房屋买卖协议，张某同意退还翁某的购房定金并赔偿一定数额的违约金，但违约金数额低于 20 万元，具体数额可以协商；翁某同意张某终止该协议，但是必须按双方签订的协议里约定双倍返还定金；中介公司在接到张某口头告知违约后第一时间通知翁某并积极协调，但是沟通无果，翁某、张某双方自行协商解决。翁某收到该告知书后，当即回复中介公司表示不同意该告知书的内容，如果张某坚持毁约，必须赔偿两个月来因房价上涨的差价及其他有关损失。张某收到告知书后仍未履行合同，其后，翁某多次委托律师向张某发出律师函，要求张某按照协议内容继续履行，若张某坚持不履行，则要求其向翁某返还双倍定金即 40 万元。2017 年 6 月 19 日，中介公司向翁某、张某双方发《告知函》，通知双方自 2017 年 6 月 13 日可进行房屋网签备案，双方可于 2017 年 7 月 20 日前前往海南办理该房地产缴纳契税及产权过户等相关手续。翁某于 2017 年 6 月 23 日复函，同意到陵水县与张某签订房屋买卖合同、交验证件、办理网签和缴税付费等手续。张某未予回复。2017 年 7 月 24 日，翁某再次通过律师发出律师函，要求张某继续履行合同，办理过户手续事宜。张某未予理会，翁某诉至法院。2017 年 8 月 19 日，张某与孟某及另一家中介公司签订“孟某合同”，约定由孟某以 397 万元的总价购买张某名下涉案房产，397 万元的房款中包括中介佣金 5 万元。协议签订当日，孟某支付了 50 万元的定金。2017 年 8 月 23 日，孟某通过银行转账给张某 342 万元。2017 年 10 月 9 日，张某与孟某签订《存量房买卖合同》，约定涉案房屋转让价款为 200 万元。同日，陵水县房产管理局就涉案房产出具一份《房屋交易和产权状况确认书》（转让），转让方为张某，受让方为孟某，合同总价 200 万元。同日，陵水县地方税务局就涉案房产出具一份《房地产过户税收证明书》。

翁某一审起诉请求：1. 解除其与张某于2017年2月11日签订的“翁某合同”；2. 张某向翁某双倍返还定金40万元；3. 张某向翁某赔偿房屋差价损失100万元（具体以评估为准，即翁某所购房屋在2018年9月20日的市场价与340万元的差额）。

张某认为系翁某违约在先，请求驳回翁某诉讼请求。

【审判结果】

一审法院认为，本案的焦点有：1. “翁某合同”性质属于预约还是本约以及是否应予解除；2. 翁某诉请双倍返还定金40万元以及赔偿房屋差价损失100万元是否应予支持。一、因“翁某合同”第二条中约定，待翁某、张某签订本协议，翁某以转账方式支付定金20万元给张某作为首期房款；待翁某、张某双方在约定时间内来海南签订该房屋《商品房买卖合同》并办理过户手续。该条明确翁某、张某双方还需另约定时间签订《商品房买卖合同》且约定张某不履行该协议，张某承担的责任是定金罚则。所以，“翁某合同”仍属于预约合同。本案中，因涉案房屋张某与孟某另行签订《存量房买卖合同》，办理了备案登记，缴纳了相关税费，孟某在涉案房屋买卖中也不存在与张某恶意串通损害翁某利益的情形。“翁某合同”已不能继续履行，翁某诉请解除该合同，应予准许。二、关于翁某诉请双倍返还定金40万元，以及赔偿房屋差价损失100万元是否应予支持。根据“翁某合同”的约定，张某签订协议后同意在当地不动产部门可以办理过户手续之日起30个工作日内与翁某签订该房屋《商品房买卖合同》并办理产权过户手续，如果张某未能履行本条所述事项，则应向翁某双倍返还定金。因张某签订协议后未与翁某签订该房屋《商品房买卖合同》，而是与孟某另行签订合同，张某的行为已经构成违约，应按合同约定双倍返还定金40万元。“翁某合同”约定的是在当地不动产部门可以办理过户手续之日起30个工作日内与翁某签订该房屋《商品房买卖合同》并办理产权过户手续，并不是在协议签订之日起30日内。张某认为翁某应在协议签订后30个工作日内与其签订正式合同，而翁某未签，构成违约的主张，没有事实根据，不予采纳。关于翁某请求赔偿房屋差价损失100万元，因“翁某合同”属于预约性质，且翁某购买涉案房屋不是生活必需，不属于其唯一居住使用房屋。因此，对翁某诉请张某赔偿房屋差价损失，不予支持。综上，依照《中华人民共和国合同法》第九十四条第二项、第一百一十五条之规定，判决：一、解除“翁某合同”；二、限张某于判决生效之日起十日内向翁某双倍返还定金40万元；三、驳回翁某的其他诉讼请求。

翁某提起上诉请求二审法院撤销一审判决第三项，依法查明事实后予以改判张某赔偿翁某房屋差价损失100万元（暂定），并申请二审法院对房屋差价进行评估。一、二审案件受理费由张某负担。

主要理由是：“翁某合同”是正式合同而不是预约合同，且“翁某合同”具备了二手房买卖合同的全部条款，也是双方真实的意思表示，双方无需另行签订合同，就已经明确了双方在二手房买卖中的全部权利义务，该合同可以成为双方过户的依据。根据合同法第十二条之规定，“翁某合同”具备了当事人姓名、标的的具体情况、数量、价款、履行方式、争议解决方式等条款，明确了双方各自的权利义务，完全具备了完整的房屋买卖合同条款，同时还具备预约合同不具备的条款。双方约定待签订的商品房买卖合同仅是为了办理房屋过户手续，按照房管部门的要求网签的一份房管部门提供的格式合同，仅仅是备案所用。张某毁约情况下，应当赔偿翁某主张的差价损失。具体损失数额应当依鉴定确定。

张某认为翁某合同属于预约合同，而不应支付翁其房屋差价损失。

二审法院认为，本案的争议焦点是：一、“翁某合同”是正式合同还是预约合同；二、张某是否应当赔偿翁某因其未向翁某出售涉案房屋的差价损失；三、如果张某应当赔偿翁某，差价损失如何计算。

一、“翁某合同”是正式合同还是预约合同的问题。审查一份合同不能仅仅从形式上审查，而应当从合同内容上审查，只要具备了合同的必备条款，具有可操作性，应当属于正式合同，不能仅因形式上约定另行签订合同就是预约合同。本案中，“翁某合同”明确约定了房屋的具体位置、房号、建筑面积、产权证号、装修情况及附属设备设施、价款、履行期限及方式（先付定金20万元及尾款320万元的支付方式），以及收房方式“当地不动产部门可以办理过户手续之日起30个工作日内办理产权过户手续”等内容，已经具备了合同法第十二条规定的合同的必备条款，是一份内容完整的合同；尽管该合同约定了“翁某、张某另需约定时间签订《商品房买卖合同》”，但该条款对合同内容的完整性并无影响。因此，“翁某合同”属于正式合同，不能因其约定了另行签订《商品房买卖合同》就认定其为预约合同，“翁某合同”约定的定金条款属于合同法第十二条规定的违约责任，不能因为其约定了定金条款就认为其属于预约合同。一审法院认定“翁某购买涉案房屋不是生活必需，不属于其唯一居住使用房屋”而不支持其差价损失的主张，并无法律依据。另外，正式合同与预约合同的认定与合同名称系居间合同也无必然联系，张某主张"'翁某合同'系居间合同是认定合同性质的基础"并无法律依据，对其主张不予支持。

二、张某是否应当赔偿翁某房屋差价损失的问题。合同法第一百一十二条规定"当事人一方不履行合同义务或者履行合同义务不符合约定的，在履行义务或者采取补救措施后，对方还有其他损失的，应当赔偿损失"，《最高人民法院关于审理买卖合同纠纷案件适用法律问题的解释》第二条规定，当事人签订认购书、订购书、预订书、意向书、备忘录等预约合同，约定在将来一定期限内订立买卖合同，一方不履行订立买卖合同的义务，对方请求其承担预约合同违约责任或者要求解除预约合同并主张损害赔偿的，人民法院应予支持。上述两条法律规定体现出无论是正式合同还是预约合同，一方不履行合同义务，均应当赔偿对方损失。本案中的"翁某合同"是三方当事人在平等、自愿的基础上达成一致的真实意思表示，未违反法律、行政法规的强制性规定，合法有效，当事人应当依约履行合同义务。张某不履行合同义务的情况下，翁某有权请求张某承担违约责任，要求解除合同并主张损害赔偿。一审判决认为"翁某合同属于预约性质"，而对翁某诉请张某赔偿房屋差价损失不予支持，属适用法律错误，应予纠正。

三、涉案房屋差价损失如何计算，数额是多少的问题。涉案房屋差价的确定包括两方面，首先确定涉案房屋的同期同类房屋价款是多少，然后确定一审判决确定双倍返还的40万定金是否应当抵扣，抵扣多少。（一）关于与涉案房屋同期同类房屋的价款，翁某主张应当评估鉴定。本院认为，第一，从房屋类型而言，争议所涉房屋本身肯定比另行选一套类型房屋更能体现房屋自身的价值。第二，从争议房屋出售的时间来看，本案中直到2017年7月24日，翁某还在要求张某履行合同，即双方是否交易成功还待定，而涉案房屋二次出售给孟某的时间是2017年8月19日。孟某购房时间距离翁某最后一次要求张某履行合同的时间也仅一个月，在确定房价的时间上也具有可比性；同一房屋先后不到一个月的差价，可以作为认定差价损失的参照。第三，合同法第一百一十三条规定"当事人一方不履行合同义务或者履行合同义务不符合约定，给对方造成损失的，损失赔偿额应当相当于因违约所造成的损失，包括合同履行后可以获得的利益"，据此，张某给翁某造成损失的赔偿额应当相当于张某将房屋另行出售获得的利益。以张某将同一房屋一个月后出售给他人的所多赚取的房款作为计算差价的基础，符合上述法律规定，且比另外寻找房屋及时间节点进行评估鉴定，更能体现过罚相当的原则。第四，二审阶段如果进行评估鉴定，会剥夺当事人对评估鉴定结果上诉的机会，本案已经发回重审过一次，根据民事诉讼法第一百七十条第一款规定的“原审人民法院对发回重审的案件作出判决后，当事人提起上诉的，第二审人民法院不得再次发回重审”，本次二审阶段不宜进行评估鉴定且不能再次发回重审。综上，以孟某购买涉案房屋的价格作为差价损失的参照，从房屋类型和时间节点上，均比另行寻找同类型房屋和时间点进行评估鉴定更为合理，因此，对翁某的评估申请，不予准许，本案采用孟某购买涉案的房屋的价款作为计算房屋差价依据。（二）一审判决确定张某双倍返还的定金 40 万元是否应予以抵扣差价损失的问题，二审法院认为，依据《最高人民法院关于审理买卖合同纠纷案件适用法律问题的解释》第二十八条规定的“买卖合同约定的定金不足以弥补一方违约造成的损失，对方请求赔偿超过定金部分的损失的，人民法院可以并处，但定金和损失赔偿的数额总和不应高于因违约造成的损失”，定金与差价损失可以并处，该条文措辞“定金与差价损失可以并处”，而不是双倍返还的定金，且定金 20 万元是翁某支付给张某的钱，本身属于翁某所有，合同不能继续履行，20 万元归还翁某是理所应当的，不能从翁某应得的房屋差价中抵扣。一审判决张某双倍返还翁某的定金 40 万元中，只有 20 万元应当从房屋差价中予以抵扣。孟某合同约定房屋价款是 397 万元且合同约定其中 5 万元系支付给中介的佣金，各方当事人对一审法院查明这一事实均无异议，因此，张某将涉案房屋出售给孟某价款是 392 万元，拟出售给翁某的价格为 340 万元，差价为 52 万元，从中扣除 20 万元，最终，张某应当赔偿翁某涉案房屋差价损失 32 万元。

综上，二审判决：一、维持一审判决第一项、第二项，即“解除原告翁某与被告张某、第三人某房地产经纪有限公司于 2017 年 2 月 11 日签订的《房地产买卖居间协议》”“限被告张某于本判决生效之日起十日内向原告翁某双倍返还定金人民币 40 万元”；二、撤销一审判决第三项，即“驳回原告翁某其他诉讼请求”；三、改判被上诉人张某于本判决生效之日起十日内赔偿上诉人翁某房屋差价损失 32 万元。

［评析］

“一房两卖”情况下房屋差价的确定

在当前“房地产热”的情况下，房屋所有人为多赚钱而将房屋“一房两卖”甚至“一房多卖”的情况很多。“一房多卖”最终成功取得房屋产权的买受人只能有一方，从法院处理纠纷的角度看，“一房多卖”纠纷其实最终还是“一房两卖”纠纷，即纠纷都是发生在未能成功买房者、售房者与成功买房之间。“一房两卖”的情况下的房屋差价问题包括不履行在先签订的预约合同是否赔偿损失，房屋差价损失如何确定，以及确定房屋差价损失的起算时间节点等三方面问题。

首先应当解决预约合同与正式合同的区别问题，才能说明为什么司法解释支持预约合同的损失赔偿问题。合同具备了合同法第十二条规定的合同的基本条款，就应当认定为正式合同。从形式上说，“双方约定另行签订商品房买卖合同条款”是预约合同的必备条款，即凡是预约合同必须有该条款存在，但有该条款存在不一定构成预约合同，在很多情况下，该条款只是应房管部门的要求而签订一份备案合同而存在；从实体上说，预约合同与正式合同的主要区别在于，当事人可以申请法院强制相对方履行正式合同，而无权强制要求相对方履行预约合同，预约合同存在的合理性和必要性主要是给当事人一个考虑和犹豫的机会，在考虑期或犹豫期满，一方决定不履行预约合同时，或多或少会给对方造成损失，预约合同给了保护一方当事人考虑权或犹豫权，在这一方不履行正式签订合同义务的情况下，赔偿相对方的损失是合理的。因此，预约合同和正式合同的区别不在于是否赔偿相对方损失，仅就损失赔偿而言，二者并无差别，这正是司法解释确规定预约合同损害赔偿的原因。同时，这也是本案二审判决书为什么在认定涉案合同系正式合同情况下还要在说理部分明确预约合同和正式合同均应当赔偿房屋差价损失的理由。这样更能从根本上解决争议，即当事人的争议中，预约合同还是正式合同占了大部分内容，二审判决书指出正式合同与预约合同均应赔偿房屋差价损失，解决双方在根本问题上的争议。如果判决书仅指明正式合同应当赔偿房屋差价损失，双方很可能继续争执下去。

第二，关于房屋差价损失的确定，包括两个步骤，一是要确定作为参照物的同期同类型房屋的价值，二是确定先后出售差价的时间节点的选择。

一是作为参照物的同期同类型房屋的确定。同期同类型房屋价值的确定却没有统一标准，有观点认为，认定房屋差价损失的时间节点应从保护守约方的利益出发，以守约方的选择和请求为基础，结合合同约定的履行期限届满之日、违约方的违约行为确定之日、合同解除之日、评估之日以及审理中房屋涨跌情况等，予以合理的确定。这一处理意见仍然不明确。审判实践很多情况下依赖评估鉴定解决这一问题。依赖鉴定评估也存在很多问题，一是易出现

"以鉴代审"的弊端，二是有些情况下，不能鉴定，例如本案的情况。为避免"以鉴代审"和解决不能鉴定的问题，法官还是应当发挥主观能动作用。本案认为，以最终成功者购买涉案房屋的价格作为差价损失的参照。从房屋类型和时间节点上，比另行寻找同类型房屋和时间点作为参照或以之为基础进行评估鉴定更为合理：从房屋类型而言，争议所涉房屋本身肯定比另行选一套类型房屋更能体现房屋价值，选择作为参考的房屋，肯定是越接近争议所涉房屋越好，另选一套房屋从楼层、位置、甚至路段方面与争议房屋本身多多少少会存在差异，肯定不如争议房屋本身更能正确地反映自身价值，在能选取同一房屋另行出售价格作为参照的情况下，尽量选择，最好不要完全另行选择参照房屋。

二是时间节点的选择。本案中，翁某认为其原一审请求张某继续履行合同，在一审法院释明之下，才变更诉讼请求为解除合同，因此，房屋差价应当以其变更诉讼请求的2018年9月20日的市场价与340万元的差额作为房屋差价损失。二审法院采用了涉案房屋二次出售给孟某的2017年8月19日作为计算差价损失的终点。为什么不采用翁某主张的其变更诉讼请求的时间点作为计算差价的终点，因为，如果翁某主张继续履行合同得到法院支持的话，就不存在张某应赔偿其房屋差价损失的问题了，所以，在翁某最先起诉时至其变更诉讼请求之前不应作为计算房屋差价的考虑因素。另外，关于"一房两卖"的成功交易发生的时间，一般情况下，不会距离在先签订的合同时间太远，因为距离在先签订的时间太远，很可能是争议房屋不那么抢手，不容易出手。这种情况下，不太可能发生争议。或者随着时间过去，在先签订的合同已经得到了履行，不可能再发生"一房两卖"的争议。而且，从情理上说，从对出售方的惩罚角度要体现"过罚相当"的角度来看，合同法第一百一十三条规定"当事人一方不履行合同义务或者履行合同义务不符合约定，给对方造成损失的，损失赔偿额应当相当于因违约所造成的损失，包括合同履行后可以获得的利益"，据此，张某给翁某造成损失的赔偿额应当相当于张某将房屋另行出售获得的利益，以张某将另行出售给他人的所多赚取的房款计算差价的基础，符合上述法律规定，且比另外寻找房屋及时间节点进行评估鉴定，更能体现过罚相当的原则。简言之，即出售人从"一房两卖"中多赚了多少钱赔偿给在先签约的一方，既能有效防止"一房两卖"，也能防止签约在先的一方过度索赔，很好地体现了公平公正。

[《民法总则》条文理解与适用]

第三十二条 没有依法具有监护资格的人的，监护人由民政部门担任，也可以由具备履行监护职责条件的被监护人住所地的居民委员会、村民委员会担任。

【条文主旨】

本条是关于没有依法具有监护资格的人时确立监护人的规定。

【条文理解】

民法总则（草案）征求意见稿原表述为：无本法第26条、第27条规定的具有监护资格的人的，监护人由被监护人住所地的居民委员会、村民委员会或者民政部门担任。对比发现，在没有依法具有监护资格人时，现第32条将民政部门担任监护人置前，加强了民政部门在无民事行为能力人或限制民事行为能力人保护方面的责任。

探究民法总则的制定，多个条文强调民政部门对于被监护人的职责，比如第27条、28条与民法通则相比增加了民政部门作为同意监护人的主体，第31条增加了民政部门作为指定监护人主体及担任临时监护人主体，其实质是强化了民政部门代表政府履行对被监护人国家监护的兜底责任。

近几年，民政部门在保护未成年人合法权益方面做出了有力探索。由最高人民法院、最高人民检察院、公安部、民政部四部门制定、2015年1月1日起实施的《关于依法处理监护人侵害未成年人权益行为若干问题的意见》规定，民政部门应当设立未成年人救助保护机构（包括救助管理站、未成年人救助保护中心），对因受到监护侵害进入机构的未成年人承担临时监护责任，必要时向人民法院申请撤销监护人资格。判决撤销监护人资格，未成年人由其他监护人承担监护职责。其他监护人应当采取措施避免未成年人继续受到侵害。没有其他监护人的，人民法院根据最有利于未成年人的原则，在民法通则第16条第2款、第4款规定的人员和单位中指定监护人。指定个人担任监护人的，应当综合考虑其意愿、品行、身体状况、经济条件、与未成年人的生活情感联系以及有表达能力的未成年人的意愿等。

民政部门的职责包括承担受监护人侵害的未成年人的国家监护职责。明确国家监护责任，推动构建新型未成年人社会保护制度意义重大。未成年人不仅是家庭的，也是国家的，政府是未成年人最终的保护主体，这种理念已经得到世界各国公认。国家监护责任一方面体现政府是父母或者其他监护人履行监护责任的支持后盾，另一方面在父母或者其他监护人履行监护职责出现问题时，政府可以通过一系列措施和程序对家庭监护进行干预，不能使未成年人处于无人监护或者其他危险环境中，必要时应直接承担监护职责，保障未成年人的安全。

民法通则第16条第4款规定没有第1款、第2款规定的监护人的，由未成年人父母的所在单位或者未成年人住所地的居民委员会、村民委员会或者民政部门担任监护人。第17条第3款规定，没有第一款规定的监护人的，由精神病人的所在单位或者住所地的居民委员会、村民委员会或者民政部门担任监护人。如前所述，一方面，单位无法承担监护责任，另一方面，将民政部门承担监护责任置前。除非村民委员会、居民委员会有更好的监护能力，否则民政部门应依职权承担监护职责，不得进行推脱。

另外，该条也保留未成年人和无民事行为能力与限制民事行为能力成年人住所地的村民委员会、居民委员会担任监护人职责，这是立足于我国国情而设立的具有中国特色的监护制度。居民委员会、村民委员会对居住地区的未成年人和无民事行为能力与限制民事行为能力成年人的健康智力状况、家庭情况等比较了解，适宜担任监护人。同时也符合居委会、村委会的性质和职责。我国宪法、城市居民委员会组织法和村民委员会组织法规定，居委会、村委会是自我管理、自我教育、自我服务的基层群众性自治组织，办理本居住地区的公共事务和公益事业。虽然实践中存在有的居委会、村委会基于人员、经费等条件的限制难以承担监护职责的情形，但不能以此取消该项职责，否则会妨碍有承担监护职责意愿的居委会、村委会担任监护人。总之，应建立完善儿童监护制度，提高儿童父母和其他监护人的责任意识，完善并落实不履行监护职责或严重侵害被监护儿童权益的父母或其他监护人资格撤销法律制度，逐步建立以家庭监护为主体，以社区、学校等有关单位和人员监护为保障，以国家监护为补充的监护制度。

对于未成年人救助和保护组织、慈善组织等其他社会组织是否可以担任监护人，我们认为，随着我国公益事业的发展，有监护意愿和能力的社会组织会不断增多，由社会组织担任监护人是家庭监护的有益的补充，也可以缓解国家监护的压力。但是，监护不同于简单的生活照顾，监护人还要履行对被监护人的人身和财产进行保护和管理，代理被监护人实施法律行为等职责。民法总则并未作出明确规定，在相关立法没有对能够担任监护人的其他社会组织的信誉、财产状况等方面的条件作出规定之前，应保持谨慎态度。

第三十三条 有完全民事行为能力的成年人，可以与近亲属、其他愿意担任监护人的个人或者组织事先协商，以书面形式确定自己的监护人。协商确定的监护人在该成年人丧失或者部分丧失民事行为能力时，履行监护职责。

【条文主旨】

本条是关于成年人意定监护的规定。

【条文理解】

本条规定标志着我国成年人监护制度取得了重大进展。成年监护与未成年监护是民法监护制度的组成部分，为保护成年人因其行为能力可能发生障碍或丧失，致其无法处理事务所设。

本条与老年人权益保障法第26条的规定一致。老年人权益保障法第26条规定：“具备完全民事行为能力的老年人，可以在近亲属或者其他与自己关系密切、愿意承担监护责任的个人、组织中协商确定自己的监护人。监护人在老年人丧失或者部分丧失民事行为能力时，依法承担监护责任。”“老年人未事先确定监护人的，其丧失或者部分丧失民事行为能力时，依照有关法律的规定确定监护人。”

设定意定监护这一新的监护方式，允许有完全民事行为能力的成年人根据本人意愿确定自己的监护人，赋予当事人更充分的选择权利，既是对当事人的尊重和保护，也有利于维护社会秩序。一方面，协商确定的监护人可以在被监护人丧失或部分丧失民事行为能力时，通过对被监护人事务的管理和辅助，弥补被监护人行为能力的欠缺，保护被监护人的人身权益，管理被监护人的财产，代理被监护人进行民事活动，承担被监护人致人损害的民事法律后果，帮助和辅助被监护人形成意思决定或者实现意思决定，从而最终实现其民事权利。另一方面，协商确定的监护人代理被监护人进行民事活动，能够更好地保护交易安全，维护交易秩序，从而保证社会秩序的稳定。

【审判实践中应注意的问题】

本条主要适用于当事人因年老、精神疾病或意外事故等原因丧失或者部分丧失民事行为能力的情形，审判时要注意以下两个问题：

1. 协商确定监护人须具备书面形式这一特殊要件，即当事人应当在有完全民事行为能力时，以书面形式对确定自己的监护人进行意思表示。书面形式既可以是一般书面形式，如书面合同、授权委托书、信件、数据电文（包括电报、电传、传真、电子数据交换和电子邮件）等，也可以是公证文书等特殊书面形式。

2. 丧失或者部分丧失民事行为能力的认定。一般而言，心智丧失，不具有识别能力和判断能力，即为丧失民事行为能力；未完全丧失意思能力，能够进行适合其智能状况的民事行为，即为部分丧失民事行为能力。如何判断当事人是否能够辨认自己的行为比较困难，民法总则第 24 条规定，由当事人的利害关系人或者有关组织向人民法院申请认定该成年人为无民事行为能力人或者限制民事行为能力人。

【域外立法例】

目前许多国家都建立了成年人监护制度，形成了相对完整的体系。

一、美国的持续性代理权制度

美国是较早开始实施成年监护制度的国家之一。在美国，对于成年人的监护既有法定监护也有意定监护。意定监护制度即“持续性代理权”制度。1954 年，美国弗吉尼亚州创设了“持续性代理权”（Durable Power of Attorney）制度，该制度肯定成年人本人可以以书面形式指定代理人，该代理人的代理权不受委托人将来可能存在的无行为能力、精神障碍或者时间的影响而存续。1969 年，美国的《统一遗嘱验证法典》（Uniform Probate Code，简称 UPC）吸纳了这一概念。10 年后，美国颁布《统一持续性代理权授予法案》（Uniform Durable Power of Attorney Act，简称 UDPA），对持续性代理权制度进行了进一步的统一修订与补充。从此，美国大部分州开始将持续性代理权制度纳入本州法律，或修订本州的持续性代理权授予法。截至 2016 年，美国已有 48 个州对 UDPA 法案进行吸收。

《统一持续性代理权授予法案》第二章规定，“持续性代理权是指，本人以书面方式指定其他人作为其代理人，被代理人确认日后丧失行为能力不影响该代理权的效力”，“或者确认该代理权将于行为人丧失行为能力之日起获得”，“或者本人有类似的意思表示，授权不因本人丧失行为能力而无效”。

二、英国的永久代理权授予制度

1985 年，英国颁布《持续代理权授予法案》（Enduring Power of Attorney Act）确立有意思能力的本人可以指定年满 18 岁且未宣告破产的自然人或信托机构作为其代理人，订立关于财产管理方面的代理合同。当本人丧失意思能力时，该代理合同仍然有效。但代理人须得向英国保护法院登记，并通知利害关系人。利害关系人对于代理合同无异议或有异议但为保护法院所驳回时，经法院准许登记后该代理合同发生效力。

2005 年 4 月，英国颁布《意思能力法》（Mental Capacity Act 2005），该法第一部分第 9 条规定了“永久代理权授予制度”（Lasting Power of Attorney），“（1）永久代理权是指委托人授予被委托人作出以下全部或任意决定的权利：（a）委托人的福利或与之相关的特定事项；（b）委托人的财产及事宜或与之相关的特定事项；及授权被委托人在委托人已不具备意思能力的情形下作出决定。”

英国的《意思能力法》确认了永久代理权授予制度，使公民能够对自身包括财产、福利在内的诸多事项授权于他人进行代理。较之前的持续代理权制度，永久代理权制度在代理内容上减少了限制，更有利于成年人充分表达代理意愿，实现有利于被代理人最大利益的成年监护。

三、德国的照管制度

德国联邦国会于 1990 年 9 月 12 日通过《关于改革成年人监护和代管法的法律》（Betreuungsgesetz，简称《照管法》），以新的“照管制度”取代了旧的宣告禁治产人及监护与辅佐制度。法案于 1992 年 1 月 1 日开始生效，新《德国民法典》第 1896－1908i 条吸收了该法案。法案规定：“如果成年人由于心理疾病或身体上、精神上或心理上的残障而完全或部分不能处理其事务，则由监护法院经其申请或依职权为其任命一名照管人。该申请也可以由无行为能力人提出。如果成年人系由于身体上的残障不能处理其事务，则只有经该成年人申请方得任命照管人，但是如果该成年人无法表明其意愿则除外。”

照管制度的保护对象为精神障碍者、智力障碍者、身体障碍者以及老年人。照管保护的方式是由监护法院依职权或依申请并据个案具体情形在必要范围内为能力欠缺者选任照管人。同时，在选任照管人时，应尊重被照管人的愿望（《德国民法典》第1897条）。照管开始后，若不违背被照管人的利益，照管人有义务配合被照管人的愿望（《德国民法典》第1901条第2项）。

四、日本的成年监护制度

1999年12月1日，日本国会通过了《关于修改民法的一部分的法律》《关于任意监护契约的法律》《关于监护登记等的法律》《关于伴随施行〈关于修改民法的一部分的法律〉修改有关法律的法律》四部关于监护制度的法律，废除了原有禁治产制度，并增设了任意监护制度，以适应高龄化社会的需求，改善障碍人士的福利。

日本法中的任意监护制度是指，本人在具有完全判断能力时，依照自己的意思选任监护人并与之签订委托监护合同，将本人的监护事务的全部或任意部分的代理权授予监护人。当本人因年老、精神障碍或其他原因丧失行为能力后，合同生效。任意监护人的职责应根据委托监护合同的内容决定，且该合同必须经公证并登记。

第三十四条 监护人的职责是代理被监护人实施民事法律行为，保护被监护人的人身权利、财产权利以及其他合法权益等。

监护人依法履行监护职责产生的权利，受法律保护。

监护人不履行监护职责或者侵害被监护人合法权益的，应当承担法律责任。

【条文对照】

民法通则第十八条 监护人应当履行监护职责，保护被监护人的人身、财产及其他合法权益，除为被监护人的利益外，不得处理被监护人的财产。

监护人依法履行监护的权利，受法律保护。

监护人不履行监护职责或者侵害被监护人的合法权益的，应当承担责任；给被监护人造成财产损失的，应当赔偿损失。人民法院可以根据有关人员或者有关单位的申请，撤销监护人的资格。

【条文主旨】

本条是关于监护人履行监护职责的规定。

【条文理解】

监护是对被监护人的人身、财产和其他合法权益进行监督和保护的民事法律制度。为实现监护制度的有效运行，监护人应当履行的职责有：

1. 保护被监护人的人身权利。首先是保护被监护人的身体健康和人身安全，防止被监护人受到侵害；其次是照顾被监护人的生活，尽到抚养、赡养、扶养等义务；此外，若被监护人是未成年人的，还要对被监护人进行管理和教育。

2. 保护被监护人的财产权利以及其他合法权益。对于被监护人的合法财产，应当妥善管理和保护；对于被监护人应得的合法收益，如依法应得的抚养费等，应当尽到保护义务；对于被监护人财产的经营和处分，应当尽到善良管理人的注意义务等。

3. 代理被监护人实施民事法律行为。由于被监护人不具备或者不完全具备实施民事法律行为的能力，所以需要由监护人以被监护人的名义实施代理行为，这是一种实现和保护被监护人合法权益的代理形式。

4. 当被监护人的合法权益受到侵害或与他人发生争议时，监护人应当代理被监护人进行诉讼以维护其合法权益。

5. 监护人依法履行监护职责，受法律保护，任何单位和个人都不得非法干涉，这是法律赋予监护人的权利。同时，依据法律规定，监护人也有认真履行其监护职责的义务，若不履行监护职责或侵害被监护人的合法权益，则应依法承担法律责任。例如，对被监护人虐待、遗弃，情节恶劣构成犯罪的，应承担刑事责任；监护人不履行或不适当履行监护职责，给被监护人造成财产损失的，应当赔偿损失等。对于侵害被监护人利益或者不履行监护职责的监护人，人民法院可以根据有关人员或者有关单位的申请，撤销监护人的资格，另行指定他人担任监护人。

【审判实践中应注意的问题】

1. 在监护职责的内容方面，监护人对于未成年被监护人和成年被监护人履行的监护职责是不同的。监护人对未成年被监护人履行的主要职责包括照料、抚养、教育、代理民事法律行为、承担民事责任等。对成年被监护人履行的主要职责包括照料、赡养（扶养）、代理民事法律行为、承担民事责任等。

2. 监护人在履行监护职责的过程中，既行使权利又履行义务。如果监护人不能有效履行监护职责甚至做出监护侵害行为，则要承担相应的法律责任。以未成年人的监护侵害为例，根据《最高人民法院、最高人民检察院、公安部、民政部关于依法处理监护人侵害未成年人权益行为若干问题的意见》规定，对未成年被监护人的监护侵害行为是指：父母或者其他监护人性侵害、出卖、遗弃、虐待、暴力伤害未成年人，教唆、利用未成年人实施违法犯罪行为，胁迫、诱骗、利用未成年人乞讨，以及不履行监护职责严重危害未成年人身心健康等行为。

对未成年被监护人做出监护侵害行为的监护人所应承担的法律责任有：监护人的监护侵害行为违反治安管理法律法规的，公安机关应当依法给予治安管理处罚，但情节特别轻微可不予治安管理处罚的，应当给予批评教育并通报当地村（居）民委员会；构成犯罪的，依法追究刑事责任。人民法院还可以根据有关人员和单位的申请撤销监护人的资格。

【域外立法例】

一、人身监护

各国关于人身监护的规定有详有略，但对未成年人日常生活的照顾与教育是各国法律都规定的内容。德国民法上的人身照顾权特别包括对子女予以照料、教育、照看和确定其居所的义务和权利，同时规定不得采取侮辱人格的教育措施，特别是身体上和精神上的虐待。在教育和职业事务上，父母尤其要考虑子女的才能和爱好。若有异议，应当征询教师或其他适宜的人的意见。如果父母显然没有考虑子女的才能和爱好并因此而有理由担忧子女的发展将受到持续的和严重的损害，则由监护法院进行裁判。只有经家庭法院批准方许可对子女作出剥夺自由的安置。只在若迟延将产生危险的情形，方许可在无批准的情况下作出该种安置。如果监护人的信仰与被监护人所应当接受的宗教教育不同，监护法院可以剥夺具体监护人对被监护人的宗教教育照顾权。此外，监护人还享有要求藏匿子女的人交还子女的请求权。归纳起来，德国关于人身监护的内容主要包括日常生活照顾、教育、居所指定、惩戒、职业许可、交还子女、宗教教育的权利与义务，但在教育措施、惩戒即在未成年人的人身自由方面受到限制，应得到家庭法院的批准。

日本民法规定监护人就教育子女的权利和义务、为子女指定居所、惩戒及营业许可的权利及义务等事项，与亲权行使人有同样的权利与义务。但同时规定如果变更亲权行使人确定的教育方法及居所、将未成年被监护人送入惩戒场所、许可营业、撤销许可或予以限制，有监护监督人时，应经监护监督人同意。

法国民法关于人身监护规定，亲属会议在考虑父与母就此问题表达的意愿的基础上，决定子女生活与教育的一般条件。由监护人执行亲属会议的决定。

二、财产监护

各国关于对财产监护的规定繁简不一，但有一些共同的规定：比如清点财产，制作清单。在监护开始时清点被监护人的财产并制作财产清单，有监护监督人时，应与监护监督人共同进行此项活动。如德国民法规定监护人应当对在监护命令下达之时被监护人现存的或嗣后归被监护人所有的财产制作目录并且将目录——在作出保证目录准确与完整的签注之后——呈交监护法院。如果有监护监督人，则监护人应当邀其参与编制目录；监护监督人也要作出保证目录准确与完整的签注。日本民法规定，监护人应从速着手调查被监护人的财产，于一个月以内完结其调查并制作财产目录。但是家庭法院可以延长此期间。财产调查及目录制作，如有监护监督人时，除非会同监护监督人进行，否则为无效。法国民法规定，监护人受任命后十日内，如财产上加有封签，得请求去掉封签并在监护监督人面前当面立即对未成年人的财产进行盘点。盘点清册的副本应送交监护法官。瑞士民法规定，监护人就职后，应与监护官厅的代表一起对所接管的财产制作财产清单。

第三十五条 监护人应当按照最有利于被监护人的原则履行监护职责。监护人除为维护被监护人利益外，不得处分被监护人的财产。

未成年人的监护人履行监护职责，在作出与被监护人利益有关的决定时，应当根据被监护人的年龄和智力状况，尊重被监护人的真实意愿。

成年人的监护人履行监护职责，应当最大程度地尊重被监护人的真实意愿，保障并协助被监护人实施与其智力、精神健康状况相适应的民事法律行为。对被监护人有能力独立处理的事务，监护人不得干涉。

【条文对照】

民法通则第十八条 监护人应当履行监护职责，保护被监护人的人身、财产及其他合法权益，除为被监护人的利益外，不得处理被监护人的财产。

监护人依法履行监护的权利，受法律保护。

监护人不履行监护职责或者侵害被监护人的合法权益的，应当承担责任；给被监护人造成财产损失的，应当赔偿损失。人民法院可以根据有关人员或者有关单位的申请，撤销监护人的资格。

【条文主旨】

本条是关于监护人具体履行监护职责的规定。

【条文理解】

本条是对民法通则第18条的完善，增设了“最有利于被监护人的原则”和“尊重被监护人的真实意愿”两个原则。

一、对“最有利于被监护人的原则“的理解

设置监护的目的是保护无民事行为能力人和限制民事行为能力人的合法权益，因此，监护人在履行监护职责时，应当遵循最有利于被监护人的原则。

1. 以对未成年人的监护为例，最有利于被监护人原则的内涵应当包括：一是在处理涉及未成年人事务时，应以未成年人为本位，从其根本利益、长远利益出发分析和解决问题；二是将未成年人作为一个独立的法律个体理解，而不是作为家庭的“附属物”；三是未成年人利益与其他个体利益甚至局部社会利益发生冲突时，应当优先考虑未成年人利益；四是保障未成年人表达利益诉求的权利，并且确保他们的利益诉求得到有效的制度回应。

由于未成年人没有独立的经济地位，心智发展水平、行为能力亦有欠缺，必须辅之以监护人的良好照顾才能将其利益落到实处，这就决定了未成年人的监护立法必须以未成年人最大利益为价值导向，以确保未成年人的人身、财产及其他合法权益得到充分保障。“未成年人最大利益原则”是判断监护人是否适格，监护权是否被滥用的唯一标准。监护人及立法部门、行政司法部门都应意识到未成年人具有独立人格，并非父母的附属，父母对子女应尽到监护职责，同时对子女实施惩戒权也应当在必要的范围之内，不得因父母权利的滥用而侵害未成年人利益。保障未成年人的身心发展健康，维护未成年人合法权益是实施监护的宗旨。

在未成年人监护中，未成年人最大利益原则已经是近年来国际人权公约和相关国家立法确立的一项首要原则。从17世纪开始，在启蒙运动的推动下，随着资本主义的勃兴和“童年”观念的发展，儿童最大利益原则逐渐得以确立。儿童最大利益原则意味着国家机关和社会各界在处理一切亲子关系或社会关系中涉及儿童利益的问题时，应当给予儿童利益首要的优先的考虑。大陆法系的亲权制度经历了从“家族本位”到“亲本位”、再到“子本位”的变化过程，在这个过程中，未成年子女个人利益逐渐被强化，世界各国对于未成年人权益保护都发生了观念上的改变和制度上的变革，承认未成年人最大利益原则也已经成为各国立法上的共识。1948 年《世界人权宣言》宣布：儿童有权享受特别照顾和协助。1959 年联合国大会通过了《儿童权利宣言》，就儿童权利提出了十项原则。宣言申明：“儿童因身心尚未成熟，在其出生以前和以后均需要特殊的保护和照料，包括适当的法律上的保护”，宣言要求各国政府在采取保护儿童的立法时应当以儿童的最大利益为首要考虑。1966 年联合国《经济、社会、文化权利国际公约》和《公民权利政治权利国际公约》中都包含了对儿童权利保护的特别规定。1989 年联合国《儿童权利公约》第 20 条第 1 项规定：“暂时或永久脱离家庭环境的儿童，或为其最大利益不得不在这种环境中继续生活的儿童，应有权利得到国家的特别保护和协助。”

2. 再以老年人监护为例，监护人应当尽到赡养和监护责任。根据老年人权益保障法的规定，监护人应当妥善安排老年人的住房，不得强迫老年人居住或者迁居条件低劣的房屋。老年人自有的或者承租的住房，子女或者其他亲属不得侵占，不得擅自改变产权关系或者租赁关系。家庭成员应当关心老年人的精神需求，不得忽视、冷落老年人。老年人对个人的财产，依法享有占有、使用、收益和处分的权利，子女或者其他亲属不得干涉，不得以窃取、骗取、强行索取等方式侵犯老年人的财产权益。老年人有依法继承父母、配偶、子女或者其他亲属遗产的权利，有接受赠与的权利。子女或者其他亲属不得侵占、抢夺、转移、隐匿或者损毁应当由老年人继承或者接受赠与的财产。老年人以遗嘱处分财产，应当依法为老年配偶保留必要的份额。

二、对“尊重被监护人的真实意愿”的理解

1. 尊重未成年被监护人的真实意愿。民法总则第 19 条规定，“八周岁以上的未成年人为限制民事行为能力人，实施民事法律行为由其法定代理人代理或者经其法定代理人同意、追认，但是可以独立实施纯获利益的民事法律行为或者与其年龄、智力相适应的民事法律行为。”第 20 条规定，“不满八周岁的未成年人为无民事行为能力人，由其法定代理人代理实施民事法律行为。”因此，并非所有未成年人的民事法律行为都由监护人一概代理，八周岁以上的未成年人，可以独立实施与其年龄和智力状况相适应的民事法律行为。对于超出其年龄和智力范围、仍需要由监护人代理实施的其他法律行为，若未成年人表达了与其年龄和智力状况相符合的真实意愿，则应当得到监护人的尊重。人民法院审理离婚案件，确定未成年人抚养权的归属应当充分听取未成年人的意见。

2. 尊重成年被监护人的真实意愿。对于成年被监护人，监护人更应当尽可能尊重其意愿。比如，老年人的民事行为能力并不是突然丧失的，而是逐步减弱的，因此，监护人应当理解老年人从限制民事行为能力人到无民事行为能力人的变化过程，对于被监护人有能力独立处理的事务，应当尊重其真实意愿。成年被监护人实施的与其认知水平、判断能力、行为能力相符合的行为，尤其是实施的与日常生活相关的行为，监护人不应干涉。

【审判实践中应注意的问题】

监护人只有为被监护人的利益才能处分被监护人的财产。民法通则第 18 条与本条作了近似的规定：（监护人）除为被监护人的利益外，不得处理被监护人的财产。实际上，对监护人处理被监护人财产的权利进行限制也是各国立法的通例，尤其是对于被监护人用来居住的不动产，由于关系到被监护人的生存权，需要公权力介入加以保护。我们认为，监护人除为维护被监护人利益外，不得处分被监护人的财产这一规定，是对监护人职权的有效限制，不仅是对被监护人财产权的保护，实际上也保障了被监护人的基本生存权，实现了人身权利的有效保护。

《最新法律文件解读》丛书

稿　约

《最新法律文件解读》是一套以为最新法律规范提供同步“解读”为主的系列丛书，分为刑事、民事、商事、行政与执行4个分册，按月出版。

本丛书以“解读”为重点，突出全、专、新、快、准等特点，通过对最新出台的法律、法规、司法解释、部门规章以及重要地方性法规进行同步动态解读，弥补了法律、法规、司法解释汇编类出版物没有同步阐释、解读内容的不足，为广大读者学习理解最新法律规范，正确贯彻执行法律文件，及时解决实践中的新情况、新问题，提供一个全方位、多层面的法律信息平台。

欢迎您向以下栏目赐稿：

【最新法律文件解读】主要是对最新颁行的法律文件进行解读，帮助司法和执法人员正确理解法律文件的立法背景、意义、重点内容、在适用中应注意的问题、与相关法律文件的衔接与互动关系等等。

【司法实务问题研究】主要刊登对司法理论、实务及司法管理工作中的热点、疑难问题进行研究及评论的文章。

【新类型疑难案例选评】主要是对司法和行政执法实践中具有典型性和代表性的疑难案例，结合具体案情以及审理或处理结果进行简练精辟的点评，解析认识问题的方法、处理问题的法律依据和在个案中的具体适用。

【法学前沿与新视点】以摘要的形式刊登相关法学理论研究的最新动态及具有代表性和典型性的前沿问题，扩展法学研究的深度和广度。

【法律适用问题解答】主要针对司法和行政执法实践中面临的新问题、热点问题、疑难问题进行简要的解答，指出涉及的法律关系，明确法律适用依据。

稿件一经刊用，即付稿酬，稿酬从优。

《刑事法律文件解读》　姜　峤　邮箱：bj85250573@126.com
《民事法律文件解读》　丁丽娜　邮箱：dlnlaw@163.com
《商事法律文件解读》　路建华　邮箱：shangshijiedu@126.com
《行政与执行法律文件解读》　张　奎　邮箱：271717306@qq.com

人民法院出版社
《最新法律文件解读》丛书编辑部